날마다 빛으로 세상을 밝히는

구역예배공과

21세기 구역공과 편찬위원회

**날마다 빛으로 세상을 밝히는
구역예배공과**

초판 1쇄   2025년 12월 2일

지 은 이   21세기 구역공과 편찬위원회
발 행 인   이규종
펴 낸 곳   엘맨출판사
등록번호   제13-1562호(1985.10.29.)
주   소   서울시 마포구 토정로 222
           한국출판콘텐츠센터 422-3
전   화   (02) 323-4060, 6401-7004
팩   스   (02) 323-6416
이 메 일   elman1985@hanmail.net

www.elman.kr

ISBN   978-89-5515-818-2 03230

이 책에 대한 무단 전재 및 복제를 금합니다.
잘못된 책은 구입하신 서점에서 바꿔드립니다.

값 8,000 원

날마다 빛으로 세상을 밝히는

구역예배공과

21세기 구역공과 편찬위원회

하나님의 사람을 만들어 가는 **엘맨**
ELMAN

인사의 글

　우리의 삶의 과정에서 영혼을 살찌우는 일은 무엇보다도 중요합니다. 신앙의 기초를 든든히 하는 일, 믿음의 기둥을 세우는 일, 그리고 바람이 불어도 날아가지 않을 지붕을 씌우는 일, 이 모든 것이 예배와 교육으로 이루어집니다. 구역예배는 글자 그대로 구역식구들이 모여서 하나님께 예배드리는 시간입니다. 그런 가운데 말씀을 읽고, 듣고, 마음에 새기게 됩니다. 그러기에 기독교의 예배는 그 자체가 교육입니다. 그리고 구역식구들이 모여서 예배와 함께 성도의 교제를 나누는 귀한 공동체적 시간입니다. 이 시간을 통하여 우리의 믿음과 신앙생활이 성장하고 발전합니다. 그러므로 우리는 구역예배를 소홀히 해서는 안 됩니다.

　이번 공과는 신앙생활의 기초가 되는 주제들을 다시 한번 살펴보면서, 그동안 흐트러졌던 우리들의 신앙의 자세를 추스르고, 하나님께 더 가까이 다가설 수 있도록 하였습니다. 그리고 구역식구들이 함께 읽고 기도하도록 쉽게 만들었습니다.

　아무튼 구역예배를 통하여 개인의 영적 성장과 함께 교회의 성장이 이루어지기를 기대하며, 이 교재를 이용하는 모든 교회에 하나님의 크신 사랑이 함께 하시기를 기도합니다.

21세기 구역공과 편찬위원회

공과 교재 활용 지침서

　본 공과 교재는 성경적인 강해설교를 요약 정리하여 각 교회에서 활용할 수 있도록 교재로 편집한 내용입니다. 여러 가지 미비하고 부족한 점이 있더라도 널리 이해해 주시리라 믿습니다.

　1. 먼저 다함께 찬송을 부릅니다.
　2. 구역(목장, 셀, 순)의 식구 중에 한 사람이 기도를 인도하거나 리더가 합심기도를 인도합니다.
　3. 그날 주어진 본문 말씀을 함께 교독 혹은 합독으로 읽습니다.
　4. 구역 리더가 공과 내용을 요약 정리하여 설명하거나 구역원이 돌아가면서 공과 내용을 함께 읽습니다. 그러나 미리 예습을 해오는 것이 진행에 도움이 됩니다.
　5. 나눔의 시간에 1,2,3번의 순서에 따라 진솔하게 나눕니다.
　　- 서로 나눌 때 구역원이 소외되지 않도록 돌아가면서 나누십시오.
　　- 그러나 부작용이 생길 수 있음으로 강요는 하지 말아야 합니다.
　　- 그리고 새로 참석하신 새 가족을 배려해 주어야 합니다.
　　- 특별히 개인적인 비밀을 나누었을 때는 비밀을 지켜주어야 합니다.
　6. 함께 공유할 기도제목을 나누고 전도할 대상자들을 위하여 합심으로 기도하는 시간을 가집니다.
　7. 마지막 찬송을 부르고 주기도문으로 모임을 마칩니다.
　8. 풍성한 나눔을 통하여 서로 더 깊이 알아가고 친숙해지며 건강한 공동체로 세워질 수 있기를 소망합니다.

차례

1월
제1과 너는 행복한 사람이로다 … 10
제2과 핍박 속에서도 피어난 순종의 꽃 … 14
제3과 반응 … 18
제4과 때 늦은 후회 … 22
제5과 머뭇거리는 신앙 … 26

2월
제6과 뜻밖의 위로 … 32
제7과 크리스천의 정체성 … 36
제8과 오후 3시에 커피를 마시는 사람 … 40
제9과 영적 개혁 … 44

3월
제10과 오직 십자가의 복음 … 50
제11과 십자가의 의 … 54
제12과 십자가의 능력 … 58
제13과 십자가의 사랑 … 62

4월
제14과 예수 그리스도의 부활과 그 의미 … 68
제15과 완전하고도 영원한 소망 … 72
제16과 의인의 부활과 악인의 부활 … 76
제17과 부활하신 주님이 우리에게 주신 것 … 80

5월

제18과 어린 아이들을 용납하라 … 86
제19과 사랑은 사랑을 낳고 … 90
제20과 하나님을 향한 신뢰 … 94
제21과 유대로 다시 가자 … 98
제22과 나를 향한 하나님의 기적 … 102

6월

제23과 그리하면 사시리라 (예레미야) … 108
제24과 죽으면 죽으리라 (에스더) … 112
제25과 종의 기도를 들으시옵소서 … 116
제26과 내 자신이 끊어질지라도 … 120

7월

제27과 주의 이름이면 항복하더이다 … 126
제28과 무엇이든지 원하는 대로 이루리라 … 130
제29과 성령을 주시지 않겠느냐 … 134
제30과 성령 충만을 유지하는 길 … 138
제31과 기도의 밧줄, 찬송의 단비로 … 142

8월

제32과 여호와를 찾으라 … 148
제33과 믿음의 싸움 … 152
제34과 하나님을 가까이 하라 … 156
제35과 고난을 이겨내라 … 160

9월

제36과 행복자의 기도 … 166
제37과 기도의 열매를 맺어라 … 170
제38과 기도는 … 174
제39과 기도의 네 기둥 … 178

10월

제40과 증인의 사명 … 184
제41과 막을 수 없는 증인 … 188
제42과 목숨을 바치는 증인 … 192
제43과 땅 끝까지 이르는 증인 … 196
제44과 하나님이 함께하시는 증인 … 200

11월

제45과 감사하는 신앙 … 206
제46과 추수감사절의 축복 … 210
제47과 구원의 감사 … 214
제48과 대강절의 시작 … 218

12월

제49과 슬기로운 신앙생활 : 예배 … 224
제50과 슬기로운 신앙생활 : 성도의 교제 … 228
제51과 당신의 믿음은 어떻습니까 … 232
제52과 기다림 … 236

1월

◆

제1과 너는 행복한 사람이로다

제2과 핍박 속에서도 피어난 순종의 꽃

제3과 반응(反應)

제4과 때늦은 후회

제5과 머뭇거리는 신앙

제1과

너는 행복한 사람이로다

성경: 신 33:29절 / 찬송: 429장

"이스라엘이여 너는 행복한 사람이로다 여호와의 구원을 너 같이 얻은 백성이 누구냐 그는 너를 돕는 방패시요 네 영광의 칼이시로다 네 대적이 네게 복종하리니 네가 그들의 높은 곳을 밟으리로다"(29절)

한 해를 보내고 새해를 시작하며 자신의 삶이 행복하다고 느끼신 적이 있는지요? UN(국제연합) 산하 자문기구인 '지속가능발전해법네트워크(SDSN)'가 2024년 발표한 〈세계 행복보고서〉에 따르면 세계 143개국 중 우리나라의 행복지수의 순위는 52위로 나타났습니다. 52위라는 순위는 경제협력개발기구 OECD에 가입된 38개 회원국만 추려보면 33위로 최하위 권에 속합니다. 결국 이 수치는 우리나라 많은 국민들이 행복을 느끼지 못하고 있음을 보여줍니다. 왜일까요?

서울대학교 심리학과 교수이자 행복연구센터 센터장인 최인철 교수는 우리나라 국민들이 행복에 대하여 오해하고 또 그것이 무엇인지에 대하여 잘 모르기 때문이라고 말합니다. 최인철 교수는 행복을 이렇게 설명합니다.

"행복은 아이스크림을 먹는 즐거움처럼 가벼우면서 대가의 작품에서 경험하는 영감과 경외감처럼 깊이가 있다. 행복은 고통의 완벽한 부재를 뜻하지 않는다. 오히려 고통의 의미를 이해하고 그것을 통해 성장하려는 자세다. 무엇보다도 행복은 '행복'이라는 이름이 붙어 있는 단 하나의 감정이 아니다. 삶의 고요함을 만끽하고 있다면, 사랑하는 대상에 대한 관심으로 가슴이 설렌다면, 스스로에 대한 자부심으로 충만하다면 우리는 이미 행복한 것이다."

최인철 교수의 설명을 들으면 행복은 멀리 있지 않습니다. 우리는 얼마든지 일상의 가벼운 일들 속에서도 행복을 경험할 수 있습니다. 때로는 어려운 일을 만났기에 불행한 것이 아니라 그것을 견디고 이겨내려는 마음가짐을 통해 성장을 경험하고 있다면 그 순간도 행복한 순간입니다.

오늘 본문에서 모세는 이스라엘 백성들을 향하여 이렇게 선언합니다. "너는 행복한 사람이로다." 모세는 어떻게 이러한 선언을 할 수 있었던 것일까요? 이는 모세가 가지고 있던 '복의 본질'에 대한 이해가 다른 사람들과는 다르기 때문입니다.

이스라엘 백성들은 광야를 지나면서 자신들이 가지지 못했고 그럼으로 누리지 못했던 환경에 집중하며 하나님께 그리고 모세에게 불평과 원망을 늘어놓았습니다. 그들은 자신들의 욕망을 채우지 못한 것 때문에 스스로 행복하지 못하다고 여겼던 것입니다. 그러나 모세는 달랐습니다. 똑같이 광야생활을 하면서도 모세는 모든 일들 속에서 구원하시는 하나님 한 분을 바라봄으로 만족해했고 그것으로 인하여 스스로를 행복하다고 여겼습니다.

신명기 33장 29절을 통해 우리는 모세가 행복의 이유를 설명하는 것을 보게 됩니다. ① '여호와의 구원을 너같이 얻은 백성이 누구냐' - 모세는 하나님께서 광야생활 동안 역사하셨던 과거의 경험을 이야기하고 있습니다. 모세는 과거 어려운 상황 속에서도 늘 구원하셨던 하나님의 은혜를 생각하며 행복하다고 말하고 있는 것입니다.

② '그는 너를 돕는 방패시요 네 영광의 칼이시로다' - 모세는 과거에 역사하셨던 하나님께서 지금도 여전히 돕는 방패와 영광의 칼이 되어 자신을 포함한 이스라엘 백성들을 지키시며 인도하시고 계시다고 선언합니다. 그러니 어찌 지금 이 순간이 행복하지 않을 수 있겠습니까?

③ '네 대적이 네게 복종하리니 네가 그들의 높은 곳을 밟으리로다' - 모세는 과거에도 함께하셨고 지금 이 순간도 함께하시는 바로 그 하나님께서 이

제 요단 강을 건너 들어가 정복전쟁을 치러야 하는 미래에도 함께하셔서 대적을 물리치게 하실 것이 확실히 믿어지니 행복하다고 말하고 있습니다.

이처럼 모세는 과거와 현재뿐만이 아니라 미래에도 함께하실 하나님 한 분만을 의지하며 신뢰하는 믿음을 행복의 조건으로 삼으니 모든 순간이 감사와 찬양이 넘치며 행복을 경험하고 있습니다.

2026년 모두의 삶이 행복했으면 좋겠습니다. 행복은 소유의 많고 적음에 달려있지 않습니다. 행복은 내 욕심을 채우는 것에 달려있지도 않습니다. 성도에게 있어서 행복은 하나님과의 관계에 달려있습니다. 하나님과의 관계가 올바르고 깊으면 하나님 한 분으로 인하여 삶 가운데 행복을 경험할 수 있습니다. 올 한 해 시간이 가면 갈수록 한층 성숙하고 깊어진 모습으로 하나님 한 분만을 사랑할 수 있기를, 그래서 행복할 수 있기를 바랍니다.

함께 나누기

1. 최인철 교수가 말하는 '행복의 정의'를 통해 행복에 대하여 새롭게 알게 되었거나 느낀 점이 있다면 나누어 봅시다.

   _____
   _____
   _____

2. 광야생활을 모세는 행복의 시간으로 그러나 이스라엘 백성들은 불평과 원망의 시간들로 기억합니다. 무엇이 그런 차이를 만든 것일까요?

   _____
   _____
   _____

2. 과거 불행했다고 여겼던 일들이 시간이 지나고 나서 생각해 보니 '그 때도 행복이었구나!'라고 여겨지는 일들이 있다면 나누어 봅시다. 그때와 지금 무엇이 달라졌기에 생각이 바뀌었습니까?

   _____
   _____
   _____

한 주간의 기도 제목

나 _____
가정 _____
교회 _____

제2과

핍박 속에서도 피어난 순종의 꽃

성경: 행 5:33-42절 / 찬송: 338장

"사도들은 그 이름을 위하여 능욕 받는 일에 합당한 자로 여기심을 기뻐하면서 공회 앞을 떠나니라"(41절)

사자성어 중에 "고진감래 (苦盡甘來)"라는 말이 있습니다. '고생 끝에 낙이 온다'라는 의미로 해석되는 말입니다. 그런데 성도님들의 생각은 어떻습니까? 과연 이 말은 사실일까요?

한 세상 살아가다보면 누구나 다 저마다의 이유로 인생에서 굴곡을 경험하게 됩니다. 그런데 만약 굴곡 많은 삶으로 인한 상처가 커져만 가고 그로인한 절망의 늪에서 헤어 나올 길을 찾지 못하고 있다면 그 삶이 얼마나 곤할까요?

계속되는 모진 고난이나 절망감에 맞서 스스로의 삶을 일으켜 세우는 것은 쉬운 일은 아닐 것입니다만 그럼에도 누군가는 인생에서 겪는 굴곡을 보란 듯이 견디고 이겨내며 한 층 성숙한 모습으로 변화되기도 합니다.

오늘 본문을 보십시오. 예수님의 제자들인 사도들도 핍박으로 인한 고통을 당하고 있습니다. 그들이 한 일이라고는 하나님의 말씀을 전한 일 밖에 없습니다. 사람의 말보다 하나님의 말씀을 듣고, 사람 앞에 순종하기보다 하나님께 순종한 것이 사도들이 행한 일의 전부입니다. 그러나 그 일로 인하여 핍박을 당하고 있습니다. 감옥에 두 번이나 갇히게 되었고 모진 매도 맞았습니다. 상대가 유대 사회를 좌지우지하는 대제사장과 그들을 추종하는 세력들이기에 그들의 위협은 대단한 것이었습니다. 누구라도 두려워 떨 수밖에 없는 상황입니다.

그런데 오늘 본문 41절은 그 핍박을 당하고 있는 사도들의 모습과 관련하여 너무나도 뜻밖의 얘기를 들려줍니다. 복음을 증거한 일로 고통과 핍박받는 일을 오히려 기뻐했다는 것입니다. 어떻게 이럴 수가 있는 것일까요?

첫째, 고통 속에서 '인내'의 꽃을 피울 수 있어야 합니다.
고통은 우리가 어떻게 대하느냐에 따라서 우리에게 큰 교훈을 주기도 하고 또한 성숙과 성장을 위한 발판이 되기도 합니다. '알프레드 아들러'라는 심리학자는 '우리는 어떤 경험을 통해서 받은 충격(트라우마)으로 인한 영향을 받아 행동하는 것이 아닌, 그 경험에 스스로 어떤 의미를 부여하는지에 따라서 이후의 삶이 결정된다'라고 말합니다. 다시 말하면 고통 중에 절망하는 것도, 고통을 딛고 일어서는 것도 본인이 그렇게 행하기로 선택하고 그 일에 의미를 부여했기 때문이라는 것입니다.

사도들은 고통과 핍박을 당하는 중에도 이대로 무너지지 않고 다시 일어서겠다고 결심한 것입니다. 그랬기에 '인내'의 꽃을 피울 수 있었습니다.

둘째, 인내의 길 끝에 예수님이 계실 것을 믿으며 순종하고 견뎌야 합니다.
예수님께서는 승천하실 때에 제자들이 땅 끝까지 이르러 증인이 되고 나면 올라가셨던 모습 그대로 다시 오시리라고 약속을 하셨습니다(행 1:11). 사도들은 주님에 대한 강한 신뢰와 그리움으로 말미암아 그 말씀이 이룰 것을 믿고 순종했습니다. 성경은 사도들이 "날마다 성전에 있든지 집에 있든지 예수는 그리스도라고 가르치기와 전도하기를 그치지 아니하였다(42절)"라고 말하고 있습니다. 이 말씀이 놀라운 것은 그들이 조금 전까지 감옥에서 채찍질을 당하고 예수의 이름으로 말하지 말라는 협박을 당했기 때문입니다. 그럼에도 사도들은 감옥에서 풀려나자 날마다, 그리고 어디에서든지 예수님을 전합니다. 사도들은 결코 낙심하거나 절망하거나 핍박에 굴하지 않고 예수님께서 다시 오시는 그 날까지 순종하기로 작정한 것입니다.

사실 고통과 핍박 속에서도 기뻐하며 순종하는 것은 신앙인인 우리가 반드시 붙잡아야 할 말씀임에도 불구하고 실천하기는 어려운 것이 사실일 것입니다. 그러나 우리가 분명히 알아야 할 것은 예수를 믿는다는 것은 어떤 상황에서도 우리의 삶을 주님께 다 맡겼다는 것을 뜻한다는 것입니다. 그러기에 이제는 우리의 욕망대로의 삶이 아닌 주님께서 원하시는 삶을 살아야 한다는 것이고, 그 삶의 길에 때로 고통의 순간도 있다는 것을 인정하며 인내하고 순종해야 할 것입니다.

'고진감래' 즉, 고생 끝에 낙이 올까요? 올 한 해 주님 한 분만을 바라보며 소망을 품고 인내할 때, 분명 고생 끝에 낙이 온다고 믿습니다. 현재 인생의 고통의 시간을 지나고 있든지, 아니면 기쁨의 시간을 지나고 있든지 어느 순간에서라도 잠잠히 주님만 바라보며 그분께서 주시는 음성에 귀 기울일 수 있는 우리의 모습이길 소원해 봅니다.

함께 나누기

1. 지난 해 가장 힘든 순간은 언제, 무슨 일 때문이었습니까? 그 시간을 어떻게 또 어떤 마음으로 지나오셨습니까?

   _____
   _____
   _____

2. 과거의 충격의 영향이 아닌 어떤 의미를 부여하느냐에 따라서 이후의 삶이 달라질 수 있다는 '알프레드 아들러'의 말을 어떻게 생각하십니까? 평생 헤어 나오지 못할 고통도 있을까요?

   _____
   _____
   _____

3. 고통의 때를 지날 때 붙잡고 기도했던 약속의 말씀이 있다면 나누어 봅시다.

   _____
   _____
   _____

한 주간의 기도 제목

나 _____
가정 _____
교회 _____

제3과

반응(反應)

성경: 마 11:16-19절 / 찬송: 38장

"이르되 우리가 너희를 향하여 피리를 불어도 너희가 춤추지 않고 우리가 슬피 울어도 너희가 가슴을 치지 아니하였다 함과 같도다"(17절)

우리는 때로 다른 사람들로부터 억울한 일을 당하면 분노하며 그에 따른 반응을 보일 것입니다. 그런데 왜 하나님의 은혜와 사랑에 대하여는 때로는 더디게 반응하거나 때로는 반응하는 것을 잊기조차 하는 것일까요?

하나님을 향한 반응이 더디거나 잊는 이유는 우리가 하나님의 은혜와 사랑을 너무 당연하게 여기고 있기 때문입니다. 당연하다 싶으니 크게 관심을 두지 않고 무관심으로 받는 것입니다. 또 마음이 하나님이 아닌 다른 것들로 채워져 있기 때문입니다. 세상의 온갖 탐욕으로 자신의 마음을 채우고 있으니 '하나님께서 우리를 사랑하신다'라는 놀라운 말씀에도, '구주 되신 예수님께서 친히 우리를 구원하시고자 십자가에 달려 죽으셨다'는 은혜의 말씀에도 무관심하여 반응이 없는 것입니다.

'선한목자교회'를 담임하셨던 유기성 목사님의 『한 시간 기도』라는 책에 이런 예화가 있습니다. 일본의 기독교 시인 중 '미즈노 겐조(水野源三)'라는 분이 있습니다. 이분은 11세에 뇌성마비를 앓아 전신마비가 되어 언어능력마저 상실하게 된 분입니다. 이후 어머니는 전신마비가 되어 누워만 있는 아들에게 늘 성경을 읽어 주었는데 성경을 읽어줄 때면 아들의 눈에서 어떤 변화가 일어나고 있다는 것을 알게 되었습니다. 어머니는 아들이 무언가 말하고 싶은 것이 있음을 간파하고 어떻게 의사소통을 할 수 있을지를 고민한 끝에 벽에 일본어 오십음도(五十音図)를 붙여놓고 글자 하나하나를 짚어갈 때 아들의 눈이 깜빡이는 것을 통하여 글자를 모아 단어를 만들고, 단어를 모아 문장을 만들어 갔습니다. 미즈노 겐조는 그렇게 시를 썼습니다. 그리고 그렇게 쓴 시 중에 〈말씀〉이라는 시가 있는데 그 내용이 이렇습니다.

"하나님, 오늘도 말씀해 주세요 / 단 한 마디뿐이어도 좋습니다 / 내 마음이 작아서 / 많이 주셔도 넘쳐버려 아까우니까요"

참 귀한 표현이고 또 맞는 말입니다. 하나님의 은혜와 사랑을 제대로 기억하는 일에는 많은 말씀이 필요치 않습니다. 사랑한다는 단 한 마디의 말씀이면 족합니다. 심지어 그동안 하나님께서 베풀어주신 은혜와 사랑을 잊지 않고 마음에 품고 있다면 아무 말씀이 없이 그저 곁에 계셔서 지켜봐 주시는 것만으로도 '감사'라는 반응이 나오기 마련일 것입니다.

회당에서 가르치시며 천국 복음을 전파하시며 모든 병과 모든 약한 것을 고치시며 그리스도로서의 사역을 이어가시던 예수님께서 이렇게 말씀하셨습니다.

"이 세대를 무엇으로 비유할까 비유하건대 아이들이 장터에 앉아 제 동무를 불러 이르되 우리가 너희를 향하여 피리를 불어도 너희가 춤추지 않고 우리가 슬피 울어도 너희가 가슴을 치지 아니하였다 함과 같도다"(11:16~17).

이는 예수님의 복음(福音)을 듣고도 기뻐하지 않고, 죄와 회개(悔改)의 메시지를 들어도 통회(痛悔)와 자복(自服)이 없는 사람들의 무반응을 말씀하시는 것입니다. 삶의 무게를 이기지 못해 아파하며 점차 메말라가는 영혼, 그리고 삶 가운데 지치고 소망을 찾지 못해 점차 초점을 잃어가는 눈빛을 보는 것처럼 가슴 아픈 일이 또 있을까요? 예수님 당시에도 그리고 지금 우리가 사는 이 시대에도 그런 사람들이 너무나도 많습니다. 자신의 영혼이 죽어가고 있음에도 깨닫지를 못합니다. 구원 받을 길이 열려있음에도 자신의 길에서 돌이켜 올바른 길로 걸어갈 마음을 품지 못합니다. 예수님께서 먼저 손을 내밀어 주셨건만 그 손길에 반응하여 마주잡을 생각을 못합니다. 안타까울 따름입니다.

예수님께서는 온갖 무시와 멸시, 그리고 배척을 받으면서도 여전히 삶 가운데 고생하며 기진한 영혼을 불쌍히 여기시며 그들을 구원의 길로 인도하시고자 모든 도시와 마을을 두루 다니셨습니다. 그리곤 이렇게 말씀하셨습니다.

"수고하고 무거운 짐 진 자들아 다 내게로 오라 내가 너희를 쉬게 하리라"(11:28)

예수님의 마음이 느껴지시는지요? 예수님의 마음을 알아 그분의 은혜와 사랑에 반응하는 삶을 살기를 바랍니다.

함께 나누기

1. 살면서 하나님의 은혜와 사랑에 가장 크게 반응했던 적은 언제였습니까? 함께 나누어 봅시다.

   _____
   _____
   _____

2. 요즘 하나님의 은혜와 사랑에 대한 반응의 온도는 어떻습니까? 혹시 예전 같지 않다면 그 이유는 무엇 때문이며 어떻게 변화시켜 갈 수 있을까요?

   _____
   _____
   _____

3. 사랑의 반대말이 무관심이라고 한다면 하나님의 은혜와 사랑에 반응하지 않고 있는 '나'는 하나님을 사랑하고 있는 것일까요?

   _____
   _____
   _____

한 주간의 기도 제목

나 _____
가정 _____
교회 _____

제4과

때늦은 후회

성경: 렘 21:1-10절 / 찬송: 383장

"여호와의 말씀이니라 내가 나의 얼굴을 이 성읍으로 향함은 복을 내리기 위함이 아니요 화를 내리기 위함이라 이 성읍이 바벨론 왕의 손에 넘김이 될 것이요 그는 그것을 불사르리라"(10절)

'후회 없는 인생'이라는 것이 있을 수 있을까요? 지나 온 삶을 돌아보면 저마다 아쉬움을 느끼는 과거의 일 한 두 가지쯤은 가지고 있기 마련입니다. 때로 우리는 하지 말았어야 할 일을 했기에, 혹은 반대로 했어야 할 일을 안 했기에 때늦은 후회를 하곤 합니다. 사실 우리가 그렇게 후회하게 되는 이유는 너무나도 분명합니다. 그것은 우리가 한 치 앞을 내다볼 수 없는 연약한 인간이기 때문입니다. 만일 우리가 어느 순간 내린 선택과 행동으로 어떤 결과가 일어날지를 분명하게 예측하거나 깨닫고 있다면 후회할 만한 일을 선택하지는 않을 것입니다. 그렇기에 아무리 분주하더라도 시간을 내어 자신의 삶에 대하여 깊이 사유(思惟)하고 사색(思索)하는 것이 필요합니다. 적어도 자신의 걸음이 올바른 삶의 방향을 유지하고 있는지는 자주 살펴야 하는 것입니다. 그래야 삶 가운데 후회를 줄여갈 수 있습니다.

오늘 본문을 보면 남 왕국 유다의 마지막 왕이었던 '시드기야 왕'에 대한 이야기가 언급되고 있습니다. 시드기야 왕은 21세에 왕위에 올라 남 왕국 유다를 11년간 통치했는데 통치기간 내내 하나님께 악을 행하였습니다. 심지어 바벨론 왕 느부갓네살이 쳐들어와 나라의 운명이 풍전등화(風前燈火)와 같은 처지에 놓였을 때도 그는 하나님을 찾지를 않았고 오히려 하나님의 말씀을 전하는 예레미야를 핍박하였습니다.

그런데 오늘 본문을 보면 시드기야 왕이 조금은 특이한 행동을 합니다. 하나님의 말씀이 예레미야 선지자에게 임하자 자신은 하나님을 경외하지도 않으면서 사람들을 예레미야 선지자에게 보내어 바벨론의 군대가 남 왕국 유다를 떠나가도록 기도하라고 명하는 것입니다. 이는 시드기야 왕이 자신의 힘으로 해볼 것 다 해보고도 바벨론을 이길 방도를 찾지 못하자 마지막에 가서 지푸라기라도 잡는 심정으로 예레미야 선지자에게 사람을 보내어 하나님을 찾는 것입니다.

어쩌면 시드기야 왕은 자신의 조상인 히스기야 왕 때의 일을 염두에 두고 이런 행동을 했는지도 모르겠습니다. 열왕기하 18~19장에 보면 당시 최강국인 앗수르가 십팔만 오천이라는 압도적인 수의 군사를 이끌고 남 왕국 유다를 침공했으나 남 왕국 유다는 앗수르를 상대할 여력이 없었습니다. 이에 히스기야 왕은 하나님 한 분만을 의지함으로 기도했고 하나님께서는 놀라운 기적으로 그들을 물리치셨습니다. 아마도 시드기야 왕은 그때와 같은 기적을 바라며 예레미야 선지자에게 사람을 보냈을 것입니다. 그러나 이후 예레미야 선지자를 통하여 전해진 하나님의 말씀은 이러했습니다.

"여호와의 말씀이니라 내가 나의 얼굴을 이 성읍으로 향함은 복을 내리기 위함이 아니요 화를 내리기 위함이라 이 성읍이 바벨론 왕의 손에 넘김이 될 것이요 그는 그것을 불사르리라"(10절).

하나님의 말씀을 한 마디로 정리하면 '이미 때가 늦었다' 정도가 될 것입니다. 그동안 하나님께서는 예레미야 선지자를 비롯하여 다수의 선지자들을 보내어 경고하시고 하나님께로 돌아오라고 말씀하셨으나 그때는 한 치 앞을 내다보지도 못하면서도 마음대로 사느라 하나님을 잊었습니다. 그러다가 이제 일이 다급해지니 이것저것 해보다가 마지막에 가서야 부랴부랴 하나님을 찾으나 이미 늦은 것입니다.

결국 남 왕국 유다는 바벨론에 의하여 멸망당하고 시드기야 왕은 비참한 모습으로 놋 사슬에 묶여 바벨론으로 끌려가게 됩니다. 이제야 후회한들 아무런 방법이 없는 것이니 때늦은 후회처럼 어리석은 일이 없습니다.

전도서 3장 1절에 이런 말씀이 있습니다. "범사에 기한이 있고 천하만사가 다 때가 있나니." 무엇을 위해 또 어떠한 삶을 살기에 자신의 마음이 하나님으로부터 멀어지고 있음조차도 깨닫지 못하는 것일까요? 하나님을 찾아 기도하는 일에도 다 때가 있습니다. 어쩌면 기도한다는 것은 큰 힘과 노력이 필요 없다고 여겨지는 일일 수도 있기에 많은 성도들이 그 중요성을 간과(看過)합니다. 언제라도 시간이 나면 그때 가서 기도하면 된다고 생각하는 것입니다. 그러나 그렇지 않습니다. 기도하는 일에도 다 때가 있습니다.

기도는 하나님과의 관계에 큰 영향을 받습니다. 그러니 하나님께서 아직 기회를 주실 때 더욱 기도에 힘써야 합니다. 더 이상 때늦은 후회를 하며 살지 마시고 다시금 은혜 주시는 하나님께로 나와 그분의 은혜 가운데 거하시기를 바랍니다.

함께 나누기

1. 지난 해 가장 후회되는 일은 무엇입니까?
   _____
   _____
   _____

2. 후회를 통해 성장하려면 반드시 다시는 그런 일을 반복하지 않겠다는 철저한 다짐이 수반되어야 합니다. 반복적으로 때늦은 후회만 하게 되는 일 또는 습관이 있는지 생각해 봅시다.
   _____
   _____
   _____

3. 요즘 하나님과의 관계는 어떻습니까? 하나님과의 관계에서 때늦은 후회를 하지 않기 위해서 무엇을 어떻게 해야 한다고 스스로 생각하십니까?
   _____
   _____
   _____
   _____

한 주간의 기도 제목

나 _____
가정 _____
교회 _____

제5과

머뭇거리는 신앙

성경: 왕상 18:20-24절 / 찬송: 623장

"너희가 어느 때까지 둘 사이에서 머뭇머뭇 하려느냐 여호와가 만일 하나님이면 그를 따르고 바알이 만일 하나님이면 그를 따를지니라 하니 백성이 말 한마디도 대답하지 아니하는지라"(21절)

요즘 우리는 다양하고 또 혼란한 모습의 사회에서 살고 있습니다. 그러다 보니 전통적으로 가져왔던 가치 기준도 모호해지고 변해갑니다. 크리스천으로서도 이전에는 우리가 크게 고민하지 않았던 문제들이 사회적으로 대두되기 시작하더니 우리의 믿는 바를 흔들고 어느 쪽인지 선택하라고 하거나 이도 저도 아니면 혼합해서 이것도 받아들이고 저것도 받아들이라고 강요합니다. 종교 혼합주의를 비롯하여 전통적인 기독교 윤리적 차원에서 깊이 있게 고민해야 하는 동성애, 낙태, 안락사와 같은 문제들, 이단·사이비의 도전, 그리고 돈과 권력을 향한 탐욕 등이 우리의 신앙에 심각한 질문을 던지고 또 영향을 끼치고 있습니다. 우리가 직면하고 있는 이러한 문제들 속에서 온전한 신앙생활을 해나가려면 하나님을 바로 알고 그분만을 분명히 믿고 따라야 합니다.

북 이스라엘의 아합 왕 때는 왕으로부터 백성에 이르기까지 바알 우상을 섬기는 일이 만연해 있었습니다. 자신들에게 풍요와 생명을 주는 신이 바알로 알고 믿던 시기였습니다. 온 나라 백성들이 그렇게 믿고 있다면 어느 신을 믿고 따르는 것이 살기 편했을까요? 하나님입니까? 바알입니까? 아니면 이 둘 사이를 왔다 갔다 해야 할까요?

이러한 시기에 선지자 엘리야가 나타나 하나님께서 여전히 살아계심을 전하며 바알과 아세라 우상을 따르는 백성들에게 이렇게 외칩니다. "너희가 어느 때까지 둘 사이에서 머뭇머뭇 하려느냐 여호와가 만일 하나님이면 그를 따르고 바알이 만일 하나님이면 그를 따를지니라"(21절).

이러한 엘리야의 외침은 여호수아가 죽기 전 이스라엘 백성들을 향하여 외쳤던 말을 떠오르게 합니다. 여호수아 24장에 보면 여호수아가 이렇게 말합니다. "만일 여호와를 섬기는 것이 너희에게 좋지 않게 보이거든 너희 조상들이 강 저쪽에서 섬기던 신들이든지 또는 너희가 거주하는 땅에 있는 아모리 족속의 신들이든지 너희가 섬길 자를 오늘 택하라 오직 나와 내 집은 여호와를 섬기겠노라"(15절). 이러한 여호수아의 물음에 당시 이스라엘 백성은 "우리가 결단코 여호와를 버리고 다른 신들을 섬기기를 하지 아니하오리니"(16절)라는 말로 대답을 했습니다.

선지자 엘리야가 백성들을 향하여 외칠 때 아마도 여호수아에게 대답했던 백성들의 반응을 기대했을지도 모를 일입니다. 그런데 성경은 선지자 엘리야의 외침에 백성이 한마디도 대답하지 않았다고 말합니다. 왜 여호수아 때와는 다른 반응이 나타난 것일까요?

여호수아 때는 하나님의 명령에 순종하며 약속의 땅, 가나안에 들어가 정복 전쟁을 하는 중에 날마다 하나님을 깊이 경험하고 그 은혜로 충만해 있을 때입니다. 목숨이 달린 전쟁을 치르며 하나님의 은혜가 아니면 살아갈 수가 없음을 경험하고 있었던 것입니다. 그러나 선지자 엘리야 때는 상황이 다릅니다. 평안하다 싶으니 하나님의 은혜를 잊었습니다. 바알이 풍요로운 삶을 주는 줄로 잘못 알고 바알을 섬기는 삶에 익숙해져 있었습니다. 겉으로 보이는 모습은 하나님의 백성의 외양인데, 실제 삶은 바알에게 물든 삶을 살고 있었습니다. 자신들이 보기에는 필요하면 하나님 편에도 한 발, 그리고 바알 편에도 한 발을 걸치고 사는 것도 괜찮아 보이는 것입니다. 이것도 포기 못하겠고 저것도 좋아 보이니 머뭇거리는 것입니다.

이런 모습을 보면 사탄이 참으로 영악하다는 생각이 듭니다. 사탄은 하나님을 믿는 것을 문제 삼지 않는 듯 보이기 때문입니다. 사탄의 전략은 하나님을 믿게 내버려 두되, 하나님만을 믿는 것을 막는 것입니다. 사탄은 하나님께만 드려야 할 마음과 열정, 그리고 한정된 시간의 사용을 엉뚱한 일에 사용하도록 만들고 그것이 당연하다고 합리화시킵니다. 돈, 명예, 권력, 그리고 출세를 위해서라면 하나님도 조금은 이해하고 양보해야 한다고 말합니다. 과연 그렇습니까? 성경은 분명 두 주인을 섬기지 못한다고 말하며 하나님만을 섬기고 따르라고 가르칩니다(마 6:24). 그러니 결단해야 합니다. 머뭇거릴 일이 아닙니다. 어떻게 해야 하나님만을 바라보는 신앙으로 돌이킬 수 있을까요?

엘리야는 하나님의 이름을 의지하며 무너진 하나님의 제단을 수축하는 것으로 그 일을 시작하고 있습니다(왕상 18:30,32). 요즘 표현으로 해석하면 다시금 주일예배부터 개인 기도시간까지 기초부터 하나님과의 관계 맺는 일을 차근차근 쌓아 올리는 것입니다. 그러면 회복됩니다. 갈멜산에서 불로써 응답하신 하나님께서 불같은 성령으로 우리와 함께 하실 것입니다.

함께 나누기

1. 요즘 하나님만을 따라 섬기는 삶을 머뭇거리게 만드는 일이 있다면 무엇입니까?

   _____
   _____
   _____

2. 주변 사람들이 하나님을 멀리할 때 어떻게 하나님을 향한 믿음을 지킬 수 있을까요? 엘리야는 어떻게 끝까지 믿음을 지킬 수 있었던 것일까요?

   _____
   _____
   _____

3. 성도님에게 있어 수축(修築)해야 할 '믿음의 제단'은 무엇입니까? (예배생활, 기도생활, 말씀 읽기, 헌금생활, 봉사와 섬김, 마음 다스리기 등)

   _____
   _____
   _____

한 주간의 기도 제목

나 _____
가정 _____
교회 _____

2월

◆

제6과 뜻밖의 위로

제7과 크리스천의 정체성

제8과 오후 3시에 커피를 마시는 사람

제9과 영적 개혁

제6과

뜻밖의 위로

성경: 행 18:1-11절 / 찬송: 370장

"두려워하지 말며 침묵하지 말고 말하라 내가 너와 함께 있으매 어떤 사람도 너를 대적하여 해롭게 할 자가 없을 것이니 이는 이 성중에 내 백성이 많음이라"(9~10절)

우리는 세상에 문제없는 사람은 없다는 것을 너무나도 잘 알고 있습니다. 인생을 살다보면 사소한 일부터 큰일에 이르기까지 문제를 만나게 됩니다. 만약 삶 가운데 만난 문제로 인하여 하루하루 받는 상처와 아픔이 계속 깊어져만 간다면 어찌 이 고단한 삶을 온전히 살아낼 수 있을까요? 그러기에 사람은 누구나 다 받은 상처와 아픔을 잊을 만큼의 '위로'가 필요합니다. 실패와 패배가 반복되는 삶 속에서도 삶에 대한 생동과 긍정을 놓지 않을 때 우리는 예상치 못했던 곳에서 예상치 못했던 순간에 위로와 치유를 경험하게 됩니다.

오늘 읽으신 본문의 말씀은 사도 바울의 제2차 선교여행 중, 고린도에서의 일을 보여주고 있습니다. 사도 바울이 이곳 고린도까지 오는 과정은 결코 쉽지 않았습니다. 성경은 사도 바울이 방문하는 곳마다 그가 복음을 전하는 일을 싫어하는 유대인들로부터 모진 핍박을 받았다고 기록하고 있습니다. 상황이 이렇다보니 하나님께 순종하는 마음으로 떠나온 제2차 선교여행이지만 너무나도 힘들고 어렵습니다. 상처와 아픔으로 인한 생채기가 마음에 생겼습니다. 설상가상으로 홀로 남겨진 중에 수중에 가진 돈, 즉 여행 경비도 다 떨어져 생계를 이어가기 위해 낯선 곳에서 돈을 벌 일을 찾아야만 하는 상황이 되었습니다. 얼마나 외로웠겠습니까? 또 얼마나 막막했겠습니까? 그리고 얼마나 두려웠겠습니까?

이때의 심정을 사도 바울은 고린도전서 2장 3절에서 이렇게 표현하고 있습니다. "내가 너희 가운데 거할 때에 약하고 두려워하고 심히 떨었노라" 강인한 줄로만 알았던 사도 바울도 고난 중에 약하고 두려워하며 떨었습니다. 하나님 한 분만을 의지하며 나아가는 삶에서 고난을 당하게 되었을 때 어찌 해야 하는 것일까요? 때로 자신이 선택한 삶의 방식이 세상에서 미움을 받게 되고 그래서 힘들고 어렵더라도 그럼에도 자신의 가는 길이 하나님의 뜻과 부합한다면 항상 같은 마음과 태도를 견지하며 삶의 길을 걷는 것이 중요합니다.

어떻게 그럴 수 있냐고요? 우리가 깨닫지 못해서 그렇지, 우리가 이미 받은 복과 은혜가 너무나도 크기에 능히 견디며 믿음의 걸음을 계속 걸어갈 수 있습니다. 우리가 겪은 상처와 아픔을 다 치유하고도 남을 만한 은혜로 하나님께서는 우리를 인도하십니다. 때로 하나님께서는 우리가 예상치 못했던 '뜻밖의 위로'를 베풀어 주시며 우리를 인도하십니다.

사도 바울의 경우도 마찬가지입니다. 하나님께서 곤고한 중에 있는 사도 바울에게 베풀어 주신 뜻밖의 위로를 보십시오. 사도 바울에게 베푸신 첫 번째 위로는 바로 본문 말씀 2~3절에 아굴라와 브리스길라를 만나게 하신 일이었습니다. 생각을 해 보십시오. 전혀 예상치 못했던 이역만리 고린도라는 이방 땅에서 같은 유대민족 출신에, 같은 주님을 신실히 섬기는 신앙을 가지고 있고, 천막을 짓는 같은 생업에 종사하는 사람을 만날 확률이 얼마나 된다고 생각하십니까? 이것은 하나님께서 사도 바울을 위로하시고자 베푸신 특별한 배려라고 밖에 설명할 길이 없습니다.

하나님의 두 번째 위로는 5절에 실라와 디모데가 마게도냐로부터 와서 사도 바울을 다시 만난 것입니다. 이들은 베뢰아에서 유대인들에게 핍박을 당하는 중에 정신없이 헤어졌다가 다시 만난 것입니다. 더군다나 이들은 사도 바울이 이전에 복음을 전한 데살로니가의 성도들이 열심히 신앙생활을 하고 있다는 기쁜 소식(살전 3:6~7)과 더불어 빌립보의 성도들이 모아준 선교비를 가져왔습니다(고후 11:9). 이는 하나님께서 예비하신 뜻밖의 위로하심이 분명합니다.

세 번째 하나님의 위로는 9~10절에 나오는 하나님께서 환상 가운데 사도 바울에게 말씀을 주신 일입니다. 임마누엘 되시는 하나님께서는 언제나 우리와 함께 하십니다. 사도 바울이 그것을 모를 리 없습니다만 그럼에도 때로는 지치고 힘들 때가 있지 않았겠습니까? 그러한 때에 '내가 너와 함께 있다'는 하나님의 음성을 다시금 듣게 된 일은 사도 바울에게 다시금 선교여행을 나설 수 있는 큰 위로가 되었을 것입니다.

어떤 상황에 처해 있을지라도 하나님을 의지하시기 바랍니다. 하나님께 엎드려 기도하시기 바랍니다. 우리가 곤고하고 어려워 눈물지을 수밖에 없는 상황에 몰릴지라도 눈을 들어 하늘을 보면 우리의 등을 토닥토닥 두드려 주시는 하나님의 위로를 경험하게 될 줄로 믿습니다. 그 하나님이 계시기에 오늘도 소망 가운데 살아갑니다. 할렐루야!

함께 나누기

1. 예상치 못했던 어려움을 겪었던 경험이 있다면 나누어 봅시다. 그 때 신앙이 있다는 것은 어떤 도움이 되었습니까?

   _____
   _____
   _____

2. 고난의 때에 경험했던 '뜻밖의 위로'가 있었다면 나누어 봅시다.

   _____
   _____
   _____
   _____

3. 하나님의 뜻에 부합한 삶의 방식으로 포기하지 않고 믿음의 걸음을 끝까지 걸어가려고 할 때 지금 자신에게 가장 필요한 것은 무엇이라고 생각하십니까?

   _____
   _____
   _____
   _____

한 주간의 기도 제목

나 _____
가정 _____
교회 _____

제7과

크리스천의 정체성

성경: 시 134:1~3절 / 찬송: 369장

"보라 밤에 여호와의 성전에 서 있는 여호와의 모든 종들아 여호와를 송축하라 성소를 향하여 너희 손을 들고 여호와를 송축하라 천지를 지으신 여호와께서 시온에서 네게 복을 주실지어다"(1~3절)

누군가 '당신은 누구입니까?' 혹은 '당신은 무엇 하는 사람입니까?' 하고 물으면 우리는 '크리스천입니다.'라고 대답할 수 있을 것입니다. 그런데 가만히 생각을 해보면 과연 내가 내 입으로 '나는 크리스천입니다'라고 대답을 한다고 해서 내가 하나님께서 원하시고 기뻐하시는 크리스천 즉, '작은 예수'가 되는 것일까요? 혹시 그것은 단지 우리의 겉으로 드러나 보이는 모양과 형식을 일컫는 이름일 뿐은 아닐까요?

중요한 것은 겉으로 드러나 보이는 모습이 아닌 우리의 내면을 포함한 우리의 존재 자체가 어떻게 우리를 증거하고 있느냐는 것입니다. 우리의 존재 자체가 크리스천이라고 답하려면 어떻게 해야 할까요? 바로 하나님께서 원하시고 기뻐하시는 크리스천의 삶을 살아야 크리스천이라는 존재적 의미가 부여될 수 있을 것입니다. 삶이 우리가 어떤 존재인지를 보여줍니다.

디모데후서 3장 1~5절에 보면 사도 바울이 신실한 제자이자 영적 아들이라고도 할 수 있는 디모데에게 크리스천으로서 너는 이런 종류의 사람이 되라고 권면을 하는데 마지막 한 구절이 지금 우리가 겪는 세태를 함축해 놓은 듯합니다.

"경건의 모양은 있으나 경건의 능력은 부인하니"(5절).

우리는 크리스천으로서 어떠한 삶을 살아야 할지를 깊이 생각해보아야 합니다. 깊이 생각하며 살지 않으면 사는 대로 생각하게 되어있고 그러다보면 크리스천으로서의 정체성을 망각한 채 하나님의 말씀과는 멀어진 경건의 능력을 부인하는 삶을 살게 됩니다.

오늘 본문인 시편 134편은 밤에 세상 많은 사람들이 따라가는 쾌락을 좇는 삶이 아닌 경건한 삶을 보여줌으로 자신의 존재를 드러내는 사람들이 있었다고 증언하고 있습니다. 1절에 말하기를, "보라 밤에 여호와의 성전에 서 있는 여호와의 모든 종들아 여호와를 송축하라"라고 말합니다. 밤에 왜 하나님의 종들이 성전에 서 있는 것일까요? 그들에게는 밤에도 낮처럼 신실하게 해나가야 할 일이 있었기 때문입니다. 이 당시 제사장들과 레위인들 중에는 밤에도 찬양을 통하여 성전에서 봉사를 하는 임무를 맡았던 자들이 있었습니다. 성전을 지키는 자들이 밤이 맞도록 하나님께 예배를 드리고 찬송을 한 것입니다. 그리고 이 일은 하나님께 대하여 열심이 없으면 할 수가 없는 일이었습니다. 밤을 새워 예배하는데 피곤하고 힘들고 지치지 않았겠습니까? 그러다보면 자칫 거룩한 장소에서 거룩한 일을 하고 있다는 사실을 망각하고 그저 하루하루 어쩔 수 없이 해야 할 '일'로 대하게 될 수도 있기에 그렇습니다. 그렇기에 이 일을 즐거이 하려면 하나님을 향한 감사와 뜨거운 열심히 있어야 합니다. 그랬기에 2절에서 시인은 "성소를 향하여 너희 손을 들고 여호와를 송축하라"고 말합니다. 시대에 물들지 아니하고 밤 문화에 젖어들지 않고 하나님의 자녀로서의 자신의 존재를 끝까지 인식하며 경건의 능력을 나타내야 합니다.

어떻게 그런 삶을 살 수 있었을까요? 시인은 3절에 "천지를 지으신 여호와께서 시온에서 네게 복을 주실지어다"라고 말하며 하나님이 우리를 지으시고 사랑하신 분이시며 우리에게 복 주시는 분임을 간절히 믿기에 밤을 지새우는 열심을 내서라도 하나님을 송축하기를 원했던 것입니다. 이러한 신실함과 열심을 드리는 자들에게 분명 경건의 모양이 아닌 '경건의 능력'이 넘쳐나는 것은 당연한 일일 것입니다.

세상 모든 일의 이치가 그러하듯 신앙생활도 분명 심는 데로 거두게 되어 있습니다. 심지도 않았는데 거두는 일은 일어나지 않습니다. 심은 것과 다른 결과를 얻는 경우도 없습니다. 믿음으로 심으면 은혜로 거두게 되어 있습니다. 하나님께 집중하고 열심을 내면 그에 따른 복을 받게 되어 있고 경건의 능력이 나타납니다. 크리스천이 크리스천이라고 자랑스럽게 불릴 수 있을 때는 바로 이 '경건의 능력'이 나타나 보일 때뿐입니다. 우리에게 분명 '경건의 능력'이 필요합니다. 그렇기에 우리가 스스로에게 던져봐야 할 질문은 삶 가운데 '어떻게 경건의 능력을 나타내는 삶을 살 수 있을까?' 하는 것입니다.

우리의 힘과 의지만으로는 모든 세상의 유혹을 이기며 스스로 경건의 능력을 드러낼 수는 없습니다. 그렇기에 우리는 경건의 능력을 주시는 하나님과의 관계를 생각해야 합니다. 하나님과 어떤 관계를 맺고 있는지를 살펴야 하는 것입니다. 우리의 날마다의 삶이 하나님께서 주시는 은혜와 사랑으로 경건의 능력이 나타나 하나님께서 기뻐하시는 삶이기를 소원해 봅니다.

함께 나누기

1. 하나님과의 관계를 위해 얼마나 자주 그리고 어떤 마음으로 하나님과 만나는 시간(예배와 기도)을 갖고 있습니까?

   _____
   _____
   _____

2. 예배에서 가장 중요한 것은 하나님을 경험하고 있느냐는 것입니다. 예배를 통해 하나님을 경험하고 있습니까? 그렇지 못하다면 무엇이 문제일까요?

   _____
   _____
   _____

3. 기도의 중요성을 알고 깊이 있는 기도를 실천하기 위해서는 어떤 준비가 필요할까요? 깊이 있는 기도를 드린다고 할 때 어떤 유익이 있으리라 생각하십니까?

   _____
   _____
   _____

한 주간의 기도 제목

나 _____
가정 _____
교회 _____

제8과

오후 3시에 커피를 마시는 사람

성경: 창 32:24-31절 / 찬송: 365장

"그가 이르되 네 이름을 다시는 야곱이라 부를 것이 아니요 이스라엘이라 부를 것이니 이는 네가 하나님과 및 사람들과 겨루어 이겼음이니라"(28절)

때로 홀로 있을 때 드러나 보이는 자신의 행동과 태도는 인격과 관련이 있을 수 있습니다. 많은 사람들이 보는 사람이 없을 때, 또는 가장 자신이 심적으로 편안하다 싶을 때 자신의 본 모습을 드러내기 때문입니다. 홀로 있을 때 죄에 대한 유혹을 받거나 혹은 나태해지고 게을러지는 사람들도 있습니다만, 어떤 사람들은 홀로 있는 시간을 적극적으로 활용함으로 정체성을 확립하고 자존감을 높이는 기회로 만들어가기도 합니다. 그리고 크리스천이라면 이러한 홀로 있는 시간을 통해 신앙의 성숙을 이루어 갈 수도 있을 것입니다.

『천사는 오후 3시에 커피를 마신다』라는 제목의 책에서 저자 김겸섭 목사님은 오후 3시라는 시간은 누군가에게는 자칫 나른함을 느끼며 게을러질 수 있는 시간일 수 있지만, 하나님께서 은혜로 허락하신 삶을 사랑하고 존중하는 사람은 누가 지켜보거나 간섭하지 않아도 이후의 남은 시간을 더욱 의미 있게 만들어가기 위해서 커피 한 잔을 내려 마시고 힘을 낸다고 합니다. 상징적인 이야기이겠습니다만 이러한 사람은 비록 날개도 없고 다른 사람을 놀랠만한 기적을 일으키지는 못해도 늘 다른 사람을 감탄시키는 신비를 품고 사는 천사와 같다는 것입니다.

야곱이 밤에 얍복 강가에 홀로 앉아있습니다. 20여년 만에 에서를 만날 일이 걱정되기 때문입니다. 야곱은 20여 년 전 에서를 속이고 장자로서의 권리와 축복을 빼앗아 도망쳤었습니다. 이제 고향으로 돌아가는 길목에서 야곱은 지금 해묵은 원한 때문에 형이 자신을 죽이지는 않을까 걱정하고 있는 것입니다. 삶의 고민으로 인해 홀로 잠 못 이루는 밤에 무엇을 해야 하는 것일까요?

성경은 그 밤에 어떤 사람이 찾아와 날이 새도록 야곱과 씨름을 했다고 말합니다(24절). 그런데 흥미로운 사실은 씨름은 어떤 사람, 즉 하나님께서 먼저 시작하셨지만 시작된 씨름을 포기하지 않고 끝까지 붙드는 쪽은 야곱이었다는 것입니다. "그가 이르되 날이 새려하니 나로 가게 하라 야곱이 이르되 당신이 내게 축복하지 아니하면 가게 하지 아니하겠나이다"(26절) 이는 야곱의 간절함과 끈질김을 잘 보여줍니다. 이제 날이 밝아 에서를 만나면 죽을지도 모릅니다. 목숨이 경각(頃刻)에 달려있는 상황이라고 여겨지는 만큼 야곱은 더욱 간절히 하나님께 매달리고 있는 것입니다.

하나님께서는 이러한 야곱의 허벅지 관절을 치셨습니다. 사실 하나님께서는 허벅지 관절뿐 아니라 야곱의 생명도 취하실 수도 있는 분입니다. 그럼에도 하나님께서는 야곱의 허벅지 관절만을 치셨습니다. 이는 야곱에게 교훈을 주기 위함입니다. 허벅지 관절은 사람의 몸을 받쳐주어 물리적 힘을 쓰게 만드는 곳이기에 종종 힘의 근원을 상징합니다. 바로 그 허벅지 관절을 치셨다는 것은 이제 육신의 힘을 의지하지 말고 하나님만을 의지하라는 것입니다.

또한 하나님께서는 야곱의 이름을 '이스라엘'로 바꾸어주셨습니다. '야곱'이라는 이름은 '속이는 자'라는 의미를 내포하고 있습니다. 하나님께서는 그런 야곱의 이름을 '하나님께서 통치하신다' 그리고 '하나님과 씨름해서 이긴 자'라는 의미를 지닌 '이스라엘'로 바꾸어 주셨습니다. 성경에서 이름이 바뀐다는 것은 그 삶과 인격에 극적인 변화가 주어졌음을 암시합니다. 다시 말해서 주변 환경은 변화된 것이 없지만 하나님과의 관계와 함께 야곱의 내면이 변화되었다는 것입니다.

허벅지 관절의 어긋남과 개명은 야곱이 하나님을 깊이 만나 경험했고 하나님으로 말미암는 은혜의 흔적을 지니게 되었음을 의미합니다. 자신의 힘만을 의지하며 살 때는 이러한 흔적이 불편하거나 어떤 의미를 찾지 못했을 수도 있었겠으나 하나님을 경험한 이후의 이러한 흔적은 복되고 귀한 것이 됩니다. 이것은 기도로 하나님을 깊이 경험한 흔적이 되기 때문입니다. 아마도 야곱은 이후로 삶의 어려운 고비를 마주할 때마다 이 기도의 흔적을 보며 다시 일어날 힘을 얻었을 것입니다.

『깊은 기도를 경험하라』라는 책에서 김남준 목사님은 이렇게 말합니다. "한 사람의 삶을 하나님의 영광 가운데로 이끄시는 하나님의 방법은 인생의 굽이마다 간절한 기도의 제목을 만나게 하는 것입니다." 우리는 종종 삶이 힘들고 고달프다고 외치며 '왜 나에게만 이런 일이 일어나느냐?'라고 항변합니다만, 돌이켜 생각해 보면 굴곡진 인생이기에 더욱 하나님을 찾아 기도할 수 있었습니다. 그렇기에 간절히 기도할 수밖에 없는 문제를 마주했다는 것은 이제 기도함으로 하나님의 더 깊은 은혜와 기적을 경험할 때가 되었음을 의미한다고도 할 수 있을 것입니다. 홀로 있을 때 더욱 하나님을 찾을 수 있기를 바랍니다.

함께 나누기

1. 하나님을 찾고, 만나고, 경험하는 일에 얼마나 간절하십니까? 끈질기게 하나님을 붙들었던 경험이 있다면 나누어 봅시다.

   _____
   _____
   _____

2. 본문 24절을 보면 씨름을 먼저 시작하신 분이 하나님이었습니다. 어떤 의미일까요?

   _____
   _____
   _____

3. 인생의 굽이마다 만나는 일들을 기도의 제목으로 삼아가고 있는지요? 삶 속에서 만나는 일들은 불평과 원망이 아닌 기도의 제목으로 삼아갈 때 어떤 일이 일어나리라 생각하십니까?

   _____
   _____
   _____

한 주간의 기도 제목

나 _____
가정 _____
교회 _____

제9과

영적 개혁

성경: 왕하 23:1-23절 / 찬송: 342장

"왕이 단 위에 서서 여호와 앞에서 언약을 세우되 마음을 다하고 뜻을 다하여 여호와께 순종하고 그의 계명과 법도와 율례를 지켜 이 책에서 기록된 언약의 말씀을 이루게 하리라 하매 백성이 다 그 언약을 따르기로 하니라"(3절)

반복되는 일상의 신앙생활이 우리를 날마다 형식적인 일만을 답습하고 있다고 느끼게 만드는 매너리즘(mannerism)에 빠지게 할 때가 있습니다. 예배와 기도에 대한 감사와 감격은 사라지고 그저 오랫동안 해온 익숙함으로 어떤 감흥도 없이 종교적 의무감에 자리만 지키고 있지는 않는지요?

이럴 때 필요한 것이 영적 개혁입니다. 하나님을 향해 나아가는 우리의 신앙에도 개혁이 필요합니다. 사실 모든 일이 그러하듯 개혁도 필요성을 느끼는 것 이상으로 실천하기는 더욱 어렵습니다. 영적 개혁을 이루기까지는 이렇게 살아서는 안 된다는 철저한 반성, 그리고 결단과 더불어 스스로 유익하게 여기던 많은 것들을 내려놓아야만 합니다. 그래야 개혁을 이루어갈 수 있습니다.

요시야 왕은 남 왕국 유다의 16번째 왕으로 31년간 통치했습니다. 그의 이전에는 아몬 왕이 2년을, 그리고 므낫세 왕이 55년을 통치했는데 모두 하나님 보시기에 너무나도 악한 왕이었습니다. 그랬기에 요시야 왕이 8살에 왕이 되었을 때의 상황은 우상숭배와 온갖 죄악이 난무하는 영적으로 너무나도 어두운 상황이었습니다. 이런 시대에 어린 나이에 왕이 된 요시야가 무엇을 할 수 있었을까요? 아몬 왕이나 므낫세 왕을 따라 악한 일을 일삼는 것은 너무나도 쉬운 일이었을 것입니다. 그저 익숙해 보이는 일을 하거나 아무 일도 하지 않으면 됩니다. 그러나 다르게 살기를 원한다면 익숙하고 편안한 것을 벗어 던지고 박차고 일어서야 합니다.

열왕기하 22장에 따르면 요시야 왕 18년에 대제사장 힐기야가 성전을 수리하다가 율법책을 발견했습니다. 아마도 아몬 왕과 므낫세 왕의 극심한 우상숭배에 불안을 느낀 누군가가 율법책을 보존하기 위해 숨겨두었던 것일 가능성이 있습니다. 그 세월이 반세기가 넘습니다. 놀랍고도 안타까운 일입니다. 요시야 왕은 그 즉시 사람들을 여선지자 훌다에게 보내어 율법책의 내용에 관하여 자세히 알아보도록 했는데, 이후 여선지자 훌다를 통해 전해진 하나님의 말씀은 '임박한 재앙'이었습니다.

요시야 왕은 하나님의 말씀을 허투로 듣지 않았습니다. 그리고 말씀에 의지하여 온 이스라엘에 개혁을 일으킵니다. 그것도 하나마나한 개혁이 아니라 온 몸과 마음을 다해 율법책에 기록된 하나님의 말씀을 온전히 지키는 영적 개혁입니다.

하루하루 경쟁하듯 분주하게 지내는 중 하늘을 바라보다가 문득 '이번 주도 성경 한 장 읽기를 않았고 또 기도 한 번을 제대로 하지를 않고 지내왔구나.' 하는 생각이 들었던 적은 없는지요? 신앙생활을 온전히 한다는 것은 순간순간 들려오는 하나님의 말씀에 귀를 기울이며 사는 것을 의미한다고 해도 과언이 아닙니다. 그런데 어느 순간부터 하나님의 말씀이 들려오지 않거나 들려온 말씀을 애써 무시하고 있는 스스로를 발견하고 놀라지는 않았는지요? 그때가 바로 영적 개혁이 필요한 순간입니다.

요시야 왕은 전심(全心)으로 하나님을 찾으며 온 유다에 영적 개혁을 일으켰습니다. 삶의 작은 일에서부터 큰일에 이르기까지, 그리고 하나에서 열까지 하나님의 말씀을 기준으로 삼아 바꾸어 갔습니다. 영적 개혁은 결국 하나님의 말씀을 기준삼아 삶의 모든 영역에서 그 말씀대로 사는 것임을 보여준 것입니다.

하나님의 말씀만이 우리의 무뎌진 심령을 다시 뜨겁게 하고 회복시킵니다. 우리가 하나님만을 바라며 하나님께로 가까이 나아갈수록 하나님의 말씀은 우리의 삶에 늘 새롭게 다가옵니다. 평소에 알던 말씀도 우리의 영적 수준에 따라 다르게 들려오며 우리의 마음을 움직입니다. 그렇기에 우리는 늘 하나님의 말씀을 가까이 해야 합니다. 그 말씀을 기준으로 하루하루의 삶을 살기를 힘써야 합니다.

신앙생활을 하며 경험할 수 있는 가장 귀한 은혜는 자신의 삶을 이끌어 갈 한 말씀을 만나는 것입니다. 삶 가운데 하나님만을 바라보고 의지하게 하며 순간순간 경험하는 절망을 소망으로 바꾸도록 이끄는 한 말씀, 슬픔 중에도 기쁨을 꿈꾸게 하는 그 한 말씀을 만나는 것입니다. 그 한 말씀을 만나기 위해 날마다 성경을 읽어야 합니다. 늘 묵상하고 마음에 새겨야 합니다. 그리고 하나님의 말씀이 선포되는 예배의 자리를 사모해야 합니다. 그리고 그 붙든 한 말씀을 가지고 목이 터져라 부르짖어야 합니다. 그러면 변화가 일어나고 영적 개혁이 시작됩니다. 때가 되면 그 한 말씀으로 인하여 꿈같은 기적이 삶 가운데 일어남을 경험하게 될 것입니다.

함께 나누기

1. 신앙생활 중 영적 개혁의 필요성을 느꼈던 적이 있는지요? 영적 개혁을 위해 어떤 시도를 해보셨습니까?
   _____
   _____
   _____

2. 자신의 영적 수준에 따라 평소 알던 말씀도 다르게 들려오며 또 다른 은혜로 심령을 움직인다는 사실을 경험한 적이 있다면 나누어 봅시다.
   _____
   _____
   _____

3. 이제껏 성도님의 삶을 이끌어 온 한 말씀이 있다면 무엇입니까? 언제, 어떤 상황에서 그 말씀을 마음에 품게 되었고 이후 어떤 일들이 있었습니까?
   _____
   _____
   _____

한 주간의 기도 제목

나 _____
가정 _____
교회 _____

3월

◆

제10과 오직 십자가의 복음

제11과 십자가의 의(義)

제12과 십자가의 능력

제13과 십자가의 사랑

제10과

오직 십자가의 복음

성경: 고전 1:17-18절 / 찬송: 151장, 154장

"그리스도께서 나를 보내심은 세례를 베풀게 하려 하심이 아니요 오직 복음을 전하게 하려 하심이로되 말의 지혜로 하지 아니함은 그리스도의 십자가가 헛되지 않게 하려 함이라 십자가의 도가 멸망하는 자들에게는 미련한 것이요 구원을 받는 우리에게는 하나님의 능력이라"(6절)

우리를 구원하는 복음은 오직 십자가의 복음뿐입니다. 예수 그리스도의 십자가의 복음만이 유일한 복음입니다. 그래서 우리가 전할 복음도 오직 십자가의 복음 밖에 없습니다. 사도들도 오직 예수 그리스도의 십자가 복음만을 전했습니다.

고전 1:23-24절 말씀입니다. 빈칸을 채워 보세요.
"우리는 (   )를 전하니 유대인에게는 거리끼는 것이요 이방인에게는 미련한 것이로되 오직 부르심을 입은 자들에게는 유대인이나 헬라인이나 (   )는 하나님의 능력이요 하나님의 지혜니라."

첫째, 십자가의 복음에는 놀라운 능력이 있습니다

로마서 1:16절 말씀입니다. 빈 칸을 채워서 함께 읽어보세요.
"내가 복음을 부끄러워하지 아니하노니 이 (   )은 모든 믿는 자에게 구원을 주시는 (   )이 됨이라 먼저는 유대인에게요 그리고 헬라인에게로다."

십자가의 복음에는 놀라운 능력이 있습니다. 우리를 구원하는 능력뿐 아니라, 죄와 세상을 이기는 능력, 사람을 변화시키는 능력 등 놀라운 하나님의 능력이 있습니다. 또한 십자가 복음 앞에서는 어떠한 사탄의 고소도 힘을 잃습니다. 세상의 화려한 유혹도 빛을 잃습니다. 십자가의 복음은 우리에게 주

님을 위해 온전히 헌신하고자 하는 열망이 샘솟게도 합니다. 만약 우리의 삶에 이러한 능력이 나타나지 않는다면, 그것은 우리가 십자가 복음 위에 서지 않기 때문입니다. 십자가 복음 위에 서서 날마다 하나님의 능력을 경험하는 여러분 되시기를 예수님의 이름으로 축원합니다.

둘째, 교회의 터는 오직 십자가 복음밖에 없습니다

"내게 주신 하나님의 은혜를 따라 내가 지혜로운 건축자와 같이 터를 닦아 두매 다른 이가 그 위에 세우나 그러나 각각 어떻게 그 위에 세울까를 조심할지니라 이 닦아 둔 것 외에 능히 다른 터를 닦아 둘 자가 없으니 이 터는 곧 예수 그리스도라"(고전 3:10-11).

사도 바울은 이방인을 위한 사도였습니다. 특히 그 중에서도 교회의 기초를 놓은 사도였습니다. 그러면서 사도 바울은 자기가 놓은 기초 외에는 하나님의 교회를 위한 어떠한 다른 기초도 없다고 말합니다. 바울이 말한 교회의 터, 곧 교회의 기초는 예수 그리스도, 곧 십자가의 복음입니다. 교회는 오직 십자가의 복음 위에 세워져야 합니다. 그래야 하나님의 은혜가 회복되고, 하나님이 역사하시고, 하나님이 임재하셔서 인도하시는 교회가 될 수 있습니다.

교회가 교회되게 하는 것은 오직 십자가의 복음밖에 없습니다. 그런데 오늘날 어떤 사람들은 성도가 많은 교회, 큰 건물을 가지고 있는 교회 또는 국회의원, 교수, 변호사 등과 같은 사회의 지도층 인물들이나 대기업 회장 같은 인물들이나 유명인들이 다니는 교회를 훌륭한 교회라고 생각합니다. 그리고 그러한 것들을 자랑삼아 이야기하곤 합니다. 이것은 성경에서 벗어난 타락한 관점입니다. 교회가 교회되게 하는 것은 오직 십자가 복음입니다. 교회의 유일한 자랑은 십자가 복음이 되어야 합니다. 교회가 예수 그리스도의 십자가 복음 위에 굳건하게 설 때, 하나님께서는 그 교회를 통해서 놀라운 하나님의 역사를 이루어 가실 것입니다.

예수 그리스도의 복음을 타협하거나 희석하면 승리하는 성도가 될 수 없습니다. 오직 십자가 복음 위에 굳건하게 설 뿐만 아니라, 오직 십자가 복음을 전파함으로 하나님의 큰 은혜를 누리며 하나님의 역사에 귀하게 쓰임 받는 여러분 되시기를 예수님의 이름으로 축원합니다.

함께 나누기

1. 십자가 복음에는 어떤 능력이 있을까요?
   _____
   _____
   _____
   _____

2. 사도 바울은 교회의 유일한 기초는 무엇이라고 하나요?
   _____
   _____
   _____
   _____

3. 성도는 무엇을 자랑해야 할까요? 당신은 무엇을 자랑하나요?(빌 3:3, 갈 6:14 참고)
   _____
   _____
   _____
   _____

한 주간의 기도 제목

나 _____
가정 _____
교회 _____

제11과

십자가의 의(義)

성경: 요 6:53-57절 / 찬송: 144장, 149장

"예수께서 이르시되 내가 진실로 진실로 너희에게 이르노니 인자의 살을 먹지 아니하고 인자의 피를 마시지 아니하면 너희 속에 생명이 없느니라"(53절)

십자가의 능력을 경험하기 위해서는 십자가의 공로, 곧 십자가의 의를 의지하는 것이 중요합니다. 특별히 매순간 오직 십자가의 의를 의지해야 합니다.

첫째, 주님의 십자가는 매순간 의지하는 것입니다

십자가의 복음은 우리에게 날마다 필요합니다. 사실 십자가의 복음을 의지하지 않으면 우리는 한순간도 하나님 앞에 설 수 없습니다.

요한복음 6장 53-57절까지의 말씀입니다.
"예수께서 이르시되 내가 진실로 진실로 너희에게 이르노니 인자의 살을 먹지 아니하고 인자의 피를 마시지 아니하면 너희 속에 생명이 없느니라 내 살을 먹고 내 피를 마시는 자는 영생을 가졌고 마지막 날에 내가 그를 다시 살리리니 내 살은 참된 양식이요 내 피는 참된 음료로다 내 살을 먹고 내 피를 마시는 자는 내 안에 거하고 나도 그의 안에 거하나니 살아 계신 아버지께서 나를 보내시매 내가 아버지로 말미암아 사는 것 같이 나를 먹는 그 사람도 나로 말미암아 살리라"

이 말씀에서 '예수님의 살과 피'는 예수님의 십자가를 의미합니다. 그리고 '예수님의 살과 피를 먹고 마신다'라는 말은 예수님을 믿는 것, 곧 예수님의 십자가를 믿는 것을 의미합니다. 우리가 예수님을 믿지 않으면, 곧 예수님의 십자가를 믿지 않으면 '생명'이 없고, 반면에 예수님의 십자가를 믿는

사람이 '영생'을 가졌고 마지막 날에 그는 '다시 살 것'이라고 말씀하고 있습니다.

그런데 여기서 '예수님을 믿는 것', 곧 '예수님의 십자가를 믿는 것'은 인생의 어느 때 '한 번 믿는 것'만을 의미하지 않습니다. 예수님을 믿는 것은 인생의 어느 때에 예수님을 영접함으로써 '받아들일 뿐'아니라, '지속적으로' 예수님을 믿어야 합니다.

53절의 '먹고 마시다'라는 단어는 단순과거형으로, '한 번 있는(있었던)'일을 의미합니다. 반면에 54절과 56절에 나오는 '먹고 마시다'라는 단어는 현재형입니다. 헬라어에서 현재형은 시간적으로는 현재, 행동에 있어서는 '지속적인 행동'을 의미합니다. 곧 우리는 예수님의 십자가를 의지하여 서되, 매순간 예수님의 십자가의 공로를 믿음으로 의지하여 서야 합니다. 그래야 십자가의 능력을 경험할 수 있습니다.

둘째, 십자가의 의를 의지하기 위해서는 '자기 의'를 의지하지 않아야 합니다

십자가의 능력을 경험하지 못하는 이유 가운데 하나는 십자가의 공로를 의지한다고 말하지만, 실제로는 자기 의를 의지하기 때문입니다. 우리가 십자가의 의를 의지함으로 하나님의 능력을 경험하려면 자기 의를 의지하지 않아야 합니다.

빌립보서 3장 3절의 말씀입니다. 빈칸을 채워서 읽어보세요.
"하나님의 성령으로 봉사하며 (   )로 자랑하고 (   )를 신뢰하지 아니하는 우리가 곧 할례파라"

사도 바울은 자신을 '참 하나님의 백성'이라고 하면서 율법으로 의롭다함을 얻으려고 하는 자들을 '개들, 행악하는 자들'이라고 하면서, 저들이 아니라 우리가 '참된 하나님의 백성'이라고 하면서, '참 하나님의 백성'의 특징을 3가지 말씀하는데, 그 3가지는, '성령으로 봉사(예배)하는 것', '그리스도 예수로 자랑하는 것', '육체를 신뢰하지 않는 것'입니다. 곧 '그리스도 예수를 자랑(신뢰)하는 것'과 '육체를 신뢰(자랑)하지 않는 것'이 성도의 핵심적인 특징입니다. 그런데 이 두 가지는 함께 가야 합니다. 예수님(십자가의 공로)을 신뢰(자랑)한다고 하면서, 육체도 신뢰(자랑)한다면, 말로는 십자가의 의를 의지한다고 말할지 모르지만 실제로는 '육체(자기 의)'를 의지하는 것입니다. 그러면 십자가의 능력을 경험하지 못합니다. 십자가의 의를 의지하기 위해서는 '자기 의'를 의지하지 않아야 합니다.

'십자가의 의(義)'를 의지할 때, 십자가의 능력을 경험하는 신앙생활을 할 수 있습니다. '자기 의'를 내려놓고, 매순간 오직 주님의 십자가만을 의지함으로 승리하는 여러분 되시기를 예수님의 이름으로 축원합니다.

함께 나누기

1. 예수님을 믿는 것은 일회적인 일인가요, 지속적인 일인가요? 자신의 말로 설명해 보세요.

2. 사도 바울이 말하는 참된 하나님의 백성의 3가지 특징은 무엇인가요?

3. '자기 의'를 의지하면 십자가의 능력을 경험할 수 없습니다. '자기 의'를 의지하는 예를 들어보세요.

한 주간의 기도 제목

나 _____
가정 _____
교회 _____

제12과

십자가의 능력

성경: 마 18:3절 / 찬송: 259장, 250장

"이르시되 진실로 너희에게 이르노니 너희가 돌이켜 어린 아이들과 같이 되지 아니하면 결단코 천국에 들어가지 못하리라"(3절)

십자가의 복음은 믿는 자들에게 놀라운 능력입니다. 이 능력을 체험하는 길을 간단히 요약하면 다음과 같습니다.

1. 주님이 십자가에서 이미 이루신 일들
2. 그것을 성령의 조명으로 깨닫습니다.
3. 그 진리 위에 믿음으로 섭니다.

첫째, 주님이 십자가에서 이미 이루신 일들 입니다.

우리가 십자가의 능력을 경험하는 핵심은, 예수님께서 십자가에서 이미 놀라운 승리를 이루셨다는 사실입니다. 주님이 이미 승리를 이루셨습니다. 이것이 핵심입니다. 이것이 아니면 우리가 아무리 애를 쓴다 해도 승리할 수 없습니다. 주님이 십자가에서 이루신 일들 중 핵심적인 몇 가지만 이야기하면 다음과 같습니다.

1) 우리 옛사람이 십자가에서 죽었습니다.
로마서 6:3-7 말씀입니다.
"무릇 그리스도 예수와 합하여 세례를 받은 우리는 그의 죽으심과 합하여 세례를 받은 줄을 알지 못하느냐 그러므로 우리가 그의 죽으심과 합하여 세례를 받음으로 그와 함께 장사되었나니 이는 아버지의 영광으로 말미암아 그리스도를 죽은 자 가운데서 살리심과 같이 우리로 또한 새 생명 가운데서 행하

> 게 하려 함이라 만일 우리가 그의 죽으심과 같은 모양으로 연합한 자가 되었으면 또한 그의 부활과 같은 모양으로 연합한 자도 되리라 우리가 알거니와 우리의 옛사람이 예수와 함께 십자가에 못 박힌 것은 죄의 몸이 죽어 다시는 우리가 죄에게 종 노릇 하지 아니하려 함이니 이는 죽은 자가 죄에서 벗어나 의롭다 하심을 얻었음이라"

우리는 예수님과 함께 연합하여 십자가에서 죽었습니다. 그것에 대해 말씀하면서 7절에서, 우리의 옛사람이 십자가에 못 박혔다고 하면서, 그로 인해 이제 우리가 죄에게 종노릇하지 않게 되었다고 말씀합니다.

그런데 '죽지 않는다'라고 한탄하는 사람들이 있습니다. 우리 옛사람은 이미 예수님과 함께 죽었습니다. 예수님이 이미 이루셨다는 이 사실을 아는 것이 중요합니다.

2) 우리의 모든 죄가 사함을 받았습니다.
고린도후서 5장 21절 말씀입니다.
"하나님이 죄를 알지도 못하신 이를 우리를 대신하여 죄로 삼으신 것은 우리로 하여금 그 안에서 하나님의 의가 되게 하려 하심이라"

하나님은 우리로 하여금 의가 되게 하시려고 예수님을 죄가 되게 하셨습니다. 예수님께서 죄인 된 우리를 대신해 십자가에서 죽으심으로 우리의 모든 죄는 용서를 받았습니다. 예수님을 믿는 사람이라면 이 사실을 모를 수 없는데도 불구하고, 실제로 적지 않은 사람들이 회개를 하고 나서도 여전히 하나님의 용서를 받아들이지 못하고 죄책감에 빠져 있곤 합니다. 예수님이 십자가에서 우리의 모든 죄를 용서하셨습니다.

이 외에도, 예수님이 십자가에서 이미 이루신 일들을 나열해 보면,
3) 하나님과 우리와의 관계를 화목케 하셨습니다(롬5:10 ; 고후5:18 등).
4) 우리를 하나님의 자녀 삼으셨습니다(갈 4:4-7 등).
5) 사탄의 머리가 깨졌습니다(골 2:14-15 등).

6) 죽음이 죽임을 당했습니다(롬 5:17, 6:8-9 등).

둘째, 주님이 십자가에서 이루신 승리를 성령의 조명으로 깨닫습니다

예수님께서 십자가를 통해서 놀라운 승리를 이루셨습니다. 이것은 사실, 곧 진리입니다. 이 십자가의 승리를 우리가 경험하기 위해서는 예수님께서 이미 이루신 승리를 성령의 조명으로 깨닫고 그 위에 믿음으로 서야 합니다. 그때 우리는 우리의 삶 속에서 그 승리의 실제를 경험하게 될 것입니다.

셋째, 그 위에 믿음으로 섭니다

타락한 인간의 본성은 자기 자원을 의지하여 하나님 앞에 서려고 합니다. 그래서 무엇인가 하나님 앞에 내놓을 만한 일을 이루어 그것을 붙잡고 하나님 앞에 당당히 나가려고 합니다. 그런 자세는 하나님께서 미워하시는 '자기 의'입니다. 우리는 어린아이처럼 하나님께서 이루신 일들을 믿음으로 받아들여야 합니다.

마태복음 18장 3절입니다.
"이르시되 진실로 너희에게 이르노니 너희가 돌이켜 어린 아이들과 같이 되지 아니하면 결단코 천국에 들어가지 못하리라"

예수님께서 십자가에서 이미 이루신 일들을 붙잡고 믿음으로 서시기를 바랍니다. 그렇게 진리를 따라 설 때, 놀라운 십자가의 능력을 풍성하게 경험하는 여러분 되시기를 예수님의 이름으로 축원합니다.

함께 나누기

1. 예수님께서 이미 이루신 일들은 무엇입니까?
   _____
   _____
   _____
   _____

2. 예수님이 이미 이루신 일들이 당신에게는 실제입니까, 아니면 이론입니까?
   _____
   _____
   _____
   _____

3. 오늘의 말씀을 통하여 결단한 것은 무엇입니까?
   _____
   _____
   _____
   _____

한 주간의 기도 제목

나 _____
가정 _____
교회 _____

제13과

십자가의 사랑

성경: 롬 5:8절 / 찬송: 338장, 325장

"우리가 아직 죄인 되었을 때에 그리스도께서 우리를 위하여 죽으심으로 하나님께서 우리에 대한 자기의 사랑을 확증하셨느니라"(8절)

십자가의 도가 성도들에게 하나님의 능력임을 경험하기 위해서는 십자가의 사랑에 기초한 삶을 사는 것이 중요합니다.

첫째, 십자가는 우리를 향하신 하나님의 사랑의 확증입니다

로마서 5장 8절 말씀입니다. 빈칸을 채워서 읽어보세요.
"우리가 아직 죄인 되었을 때에 그리스도께서 우리를 위하여 죽으심으로 하나님께서 우리에 대한 자기의 (   )을 확증하셨느니라."

예수님의 십자가는 우리를 향하신 하나님의 말할 수 없는 사랑의 최종적인 확증입니다. 우리는 또 다른 확증이 필요하지 않습니다. 많은 성도들이 삶에 어려움이 닥치거나 자기들이 원하는 대로 일이 되지 않으면, 하나님이 자기를 더 이상 사랑하지 않는다고 생각합니다. 그렇지 않습니다. 예수님의 십자가야말로 하나님이 우리를 얼마나 사랑하는지에 대한 확실한 증거입니다. 그래서 우리는 어떠한 상황과 환경 가운데서도 예수님의 십자가를 통해서 확증된 하나님의 사랑을 절대로 의심해서는 안 됩니다. 십자가를 통해 확증된 하나님의 사랑을 믿고 신뢰해야만 현재 처한 상황과 환경에 대한 하나님의 뜻과 목적과 계획을 알 수 있습니다.

둘째, 십자가를 통해서 환경을 보아야 합니다

예수님의 십자가가 위를 향한 하나님의 사랑의 확증이기 때문에, 우리는 십자가를 통해서 환경을 보아야 합니다. 곧 하나님의 사랑을 토대해서 환경을 보아야 합니다. 오늘날 많은 성도들은 환경을 통해서 하나님을 보려 하기 때문에, 하나님의 뜻과 목적을 알 수 없습니다. 하나님의 의도를 발견하지 못하고, 하나님께서 지금 무슨 일을 하고 계신지를 발견하지 못합니다. 그러니까 하나님께 불평과 원망을 일삼습니다. 그렇게 되면 하나님의 은혜 안에 살 수 없습니다.

출애굽기 14장 10-14절 말씀입니다.
"바로가 가까이 올 때에 이스라엘 자손이 눈을 들어 본즉 애굽 사람들이 자기들 뒤에 이른지라 이스라엘 자손이 심히 두려워하여 여호와께 부르짖고 그들이 또 모세에게 이르되 애굽에 매장지가 없어서 당신이 우리를 이끌어 내어 이 광야에서 죽게 하느냐 어찌하여 당신이 우리를 애굽에서 이끌어 내어 우리에게 이같이 하느냐 우리가 애굽에서 당신에게 이른 말이 이것이 아니냐 이르기를 우리를 내버려 두라 우리가 애굽 사람을 섬길 것이라 하지 아니하더냐 애굽 사람을 섬기는 것이 광야에서 죽는 것보다 낫겠노라 모세가 백성에게 이르되 너희는 두려워하지 말고 가만히 서서 여호와께서 오늘 너희를 위하여 행하시는 구원을 보라 너희가 오늘 본 애굽 사람을 영원히 다시 보지 아니하리라 여호와께서 너희를 위하여 싸우시리니 너희는 가만히 있을지니라"

하나님은 이스라엘 백성들이 하나님을 더 깊이 알고 사랑하고 섬기기를 원하셨습니다. 그들이 다른 어떤 것이 아니라 하나님을 의지함으로 살기를 원하셨습니다.(신 8:2-3) 홍해, 만나, 물 등 광야의 환경 속에서 하나님은 이스라엘 백성들에게 은혜를 베푸셨던 하나님을 기억하고, 하나님만을 신뢰하여 서기를 원하셨습니다. 그러나 그들은 환경을 통해서 하나님을 보았기 때문에 그럴 수 없었습니다. 죽게 되었다고 원망하고 불평하며 하나님을 대적했습니다. 그들은 그들의 환경 속에 있는 하나님의 뜻과 의도를 전혀 알지 못했습니다. 하나님께서 반복적으로 기회를 주셨음에도 불구하고 그들은 하나님께서 의도하신 믿음의 자리로 나아가지 못했고, 결국 하나님께서는 그들을 흩으시고 다른 세대를 세우셨습니다.

반면에 모세는 똑같은 환경에 있었음에도, 아니 리더였기 때문에 더 힘든 상황이었음에도 불구하고, 애굽에서 구원하신 하나님의 역사와 그 역사에 나타난 하나님의 사랑을 기억하고 하나님을 신뢰했습니다.

모세와 같이 십자가에 나타난 하나님의 사랑을 기억하고, 그 사랑을 토대로 하여 어떠한 상황과 환경 속에서도 하나님을 신뢰함으로 십자가의 놀라운 능력을 날마다 경험하며 사는 여러분 되시기를 예수님의 이름으로 축원합니다.

함께 나누기

1. 우리를 향한 하나님의 사랑의 최종적인 확증은 무엇입니까?
   _____
   _____
   _____
   _____

2. 당신은 십자가를 통해서 상황을 봅니까, 상황을 통해서 하나님을 보십니까?
   _____
   _____
   _____
   _____

3. 내가 처한 상황과 환경 속의 하나님의 뜻과 의도를 알려면 어떻게 해야 할까요?
   _____
   _____
   _____
   _____

한 주간의 기도 제목

나 _____
가정 _____
교회 _____

4월

◆

제14과 예수 그리스도의 부활과 그 의미

제15과 완전하고도 영원한 소망

제16과 의인의 부활과 악인의 부활

제17과 부활하신 주님이 우리에게 주신 것

제14과

예수 그리스도의 부활과 그 의미

성경: 요 11장 25절 / 찬송: 171장, 165장

"예수께서 가라사대 나는 부활이요 생명이니 나를 믿는 자는 죽어도 살겠고" (25절)

기독교 신앙의 가장 중요한 사건이며 가르침 중 하나는 예수 그리스도의 부활입니다. 사도행전에 기록된 초대교회 최초의 설교 13편 중 11편이 예수 그리스도의 부활을 증거한다는 사실로도 이것을 잘 알 수 있습니다. 초대교회 성도들은 예수 그리스도의 부활을 당연한 것으로 믿었고, 자신들도 예수 그리스도 안에서 부활하게 될 것을 믿었습니다. 이것은 기독교 신앙의 핵심적인 진리였습니다. 오늘 우리들도 예수 그리스도의 부활을 통한 은혜와 능력을 누리고 승리하는 성도가 되기를 기도합니다.

성경을 통해 우리는 초대교회 성도들이 부활하신 예수님을 만나고 난 후, 예수님의 부활하심을 증거하고 있음을 발견할 수 있습니다. 먼저 '여인들'이 부활하신 예수님을 만났습니다(마 28:5-7). 그리고 제자들이 부활하신 예수님을 만났습니다(행 1:3). 사도 바울도 예수님을 만나고 예수님의 부활하심을 증거했습니다(고전 15:4).

그러면, 예수님의 부활이 무엇을 의미할까요?

첫째, 예수님은 십자가에서 죽으시고 부활하심을 통해 우리를 모든 죄와 사망에서 구원하시고 우리의 주님이 되셨습니다

로마서 4장 25절입니다. 빈칸을 채워보세요.
"예수는 우리가 (   ) 때문에 내줌이 되고 또한 우리를 (   ) 하시기 위하여 살아나셨느니라."

사도행전 2장 36절입니다.
"그런즉 이스라엘 온 집은 확실히 알지니 너희가 십자가에 못 박은 이 예수를 하나님이 주와 그리스도가 되게 하셨느니라 하니라."

디모데후서 1장 10절 말씀입니다.
"이제는 우리 구주 그리스도 예수의 나타나심으로 말미암아 나타났으니 그는 사망을 폐하시고 복음으로써 생명과 썩지 아니할 것을 드러내신지라."

예수님은 부활을 통해 모든 죄를 이기셨습니다. 예수님은 부활하심으로 사망을 폐하셨습니다. 예수님은 부활하심으로 우리의 구원자가 되시고 주인이 되셨습니다. 우리는 부활하신 주님 안에서 죄와 세상과 사망을 이기고, 우리의 주인 되신 주님을 따라야 합니다. 우리의 영원한 생명의 주인 되신 주님을 따라 부활의 생명과 능력을 경험하는 여러분 되시기를 축원합니다.

둘째, 예수 그리스도의 부활하심은 우리의 변화뿐만 아니라 우리를 통한 세상의 변화를 위한 기초입니다

빌립보서 3장 10-11절입니다.
"내가 그리스도와 그 부활의 권능과 그 고난에 참여함을 알고자 하여 그의 죽으심을 본받아 어떻게 해서든지 죽은 자 가운데서 부활에 이르려 하노니."

미국 뉴욕의 맨해튼에 있는 리디머장로교회의 팀 켈러 목사님은 '부활을 입다'라는 책을 통해, 예수님을 믿는 성도는 예수님의 부활을 '입은 것'이라고 하면서, 성도가 '부활의 생명', '부활의 능력' 가운데 살 수 있고, 살아야 함을 강력하게 선포했습니다. 더 나아가 부활의 생명과 능력으로 사는 삶을 통해 세계를 복음화 해야 하고, 모든 영역을 섬겨야 할 책임이 있다고 말합니다.

바울의 고백처럼 우리도 예수 그리스도의 부활의 능력을 더욱 알게 되기를 소망합니다. 여러분의 모든 삶과 일, 모든 관계를 통해 날마다 부활의 능력과 소망을 경험하게 되기를 바랍니다. 하나님 나라의 놀라운 역사에 동참하는 여러분 되시기를 예수님의 이름으로 축원합니다.

함께 나누기

1. 부활하신 예수님을 만나고, 예수님의 부활을 증거했던 사람들은 누구입니까?

2. 그들에게 예수님의 부활은 어떤 의미였습니까?

3. 당신은 예수 그리스도의 부활의 능력을 경험하고 있습니까?

한 주간의 기도 제목

나 _____
가정 _____
교회 _____

제15과

완전하고도 영원한 소망

성경: 고전 15:20-22절 / 찬송: 168장, 161장

"그러나 이제 그리스도께서 죽은 자 가운데서 다시 살아나사 잠자는 자들의 첫 열매가 되셨도다 사망이 한 사람으로 말미암았으니 죽은 자의 부활도 한 사람으로 말미암는도다 아담 안에서 모든 사람이 죽은 것 같이 그리스도 안에서 모든 사람이 삶을 얻으리라"(20-22절)

예수님의 부활하심은 성도에게 영원한 소망을 갖게 합니다. 왜냐하면 예수님은 성경의 약속을 따라 부활하셨는데, 성경이 예수님을 믿는 사람들이 예수님과 함께 부활할 것이고 영원한 삶을 얻을 것이라고 약속하고 있기 때문입니다.

고전 15장 3-4절, 22절입니다.
"내가 받은 것을 먼저 너희에게 전하였노니 이는 성경대로 그리스도께서 우리 죄를 위하여 죽으시고 장사 지낸 바 되셨다가 성경대로 사흘 만에 다시 살아나사…아담 안에서 모든 사람이 죽은 것 같이 그리스도 안에서 모든 사람이 삶을 얻으리라."

하나님의 말씀(약속)은 그대로 성취될 것입니다. 말씀 안에서 소망 가운데 거하시는 여러분 되시기를 기도합니다.

그러면, 우리의 부활은 어떻게 될까요?

첫째, 예수님이 첫 열매가 되셨습니다

고린도전서 15장 20절 말씀입니다.
"…그리스도께서 죽은 자 가운데서 다시 살아나사 잠자는 자들의 첫 열매가

되셨도다."

예수님의 부활하심은 우리의 '첫 열매'입니다. 이 말은 우리의 부활이 예수님의 부활과 같을 것이라는 말입니다. 과일나무를 보신 적이 있으시나요? 시골집 마당에 큰 과일 나무가 한 그루 있습니다. 도시인들은 잎만 보아서는 무슨 과일인지 모릅니다. 봄이 되어 꽃이 무성하게 피었습니다. 꽃을 보고도 어떤 과일 나무인지 알 수가 없습니다. 꽃 하나가 떨어지고 조그만 과일이 맺혔는데, '감'입니다. 이게 '첫 열매'입니다. 이제 그 나무에 달린 나머지 꽃들도 어떤 열매가 될지를 압니다. '감'이 열릴 것입니다.

우리는 부활을 추측할 필요가 없습니다. 불확실함으로 불안해하거나 두려워할 필요가 없습니다. 우리의 부활은 예수님의 부활과 같을 것입니다. 불확실하고 막연한 것에 있어서는 소망을 가질 수 없습니다. 성도는 살아 있는 동안뿐만 아니라 죽음 앞에서도 두려워하지 않습니다. 왜냐하면 예수님께서 '죽은 자 가운데서 다시 살아나사…첫 열매가 되셨기'때문입니다.

둘째, 새로운 장막을 덧입습니다

고린도후서 5장 1-4절 말씀입니다.
"만일 땅에 있는 우리의 장막 집이 무너지면 하나님께서 지으신 집 곧 손으로 지은 것이 아니요 하늘에 있는 영원한 집이 우리에게 있는 줄 아느니라 참으로 우리가 여기 있어 탄식하며 하늘로부터 오는 우리 처소로 덧입기를 간절히 사모하노라 이렇게 입음은 우리가 벗은 자들로 발견되지 않으려 함이라 참으로 이 장막에 있는 우리가 짐진 것 같이 탄식하는 것은 벗고자 함이 아니요 오히려 덧입고자 함이니 죽을 것이 생명에 삼킨 바 되게 하려 함이라."

성도는 예수 그리스도의 부활의 능력 안에서 불완전하고 그래서 탄식할 수밖에 없는 장막을 벗고, 하나님께서 지으신 '새로운 장막'을 덧입고 '새 삶'을 얻습니다.

2주 전에 저의 사랑하는 어머니가 소천하셨습니다. 늦은 나이에 얻은 아들이라서 그런지 아들 나이가 50이 넘어도 '어린 아들' 바라보듯이 애틋하게만 바라보시던 어머니의 '빈자리'가 너무 허전하고 아쉽습니다. 하지만 그럼에도 불구하고 소망과 기쁨으로 설 수 있는 것은, 어머니가 '허탄한 몸'을 벗고 주님 품에서 안식하고 계심을 알기 때문이며, 하나님께서 지으신 '새로운 장막'을 덧입으실 것을 알기 때문입니다.

하나님의 약속을 따라 우리에게 보여주신 예수님의 부활하심 안에서 완전하고도 영원한 소망을 누리시기를 예수님의 이름으로 축원합니다.

함께 나누기

1. 예수님의 죽으심과 부활은 무엇대로 된 것인가요?
   _____
   _____
   _____
   _____

2. 예수님이 '잠자는 자들'의 무엇이 되셨나요?
   _____
   _____
   _____
   _____

3. 그 말의 의미는 무엇인가요?
   _____
   _____
   _____
   _____

한 주간의 기도 제목

나 _____
가정 _____
교회 _____

제16과

의인의 부활과 악인의 부활

성경: 요 5:29절 / 찬송: 180장, 165장

"선한 일을 행한 자는 생명의 부활로, 악한 일을 행한 자는 심판의 부활로 나오리라"(29절)

예수님은 모든 사람이 하나님의 아들의 음성을 듣게 될 것이고(25절), 그 때에 선한 일을 행한 자는 생명의 부활로, 악한 일을 행한 자는 심판의 부활로 나오게 될 것이라고 말씀하셨습니다. 물론 여기서 말하는 '선한 일'은 예수님을 믿는 믿음을 의미하고 '악한 일'은 하나님의 아들 예수 그리스도를 믿지 않는 것을 의미합니다. 예수님을 믿는 성도들은 '생명의 부활'로, 예수님을 믿지 않는 자들은 '심판의 부활'로 나오게 될 것입니다.

사도 바울도 3차 전도여행을 갔다가 예루살렘에 와서 붙잡힌 후, 벨릭스 총독 앞에서 심문 받을 때 다음과 같이 말합니다. 사도행전 24장 15절입니다. "그들이 기다리는 바 하나님께 향한 소망을 나도 가졌으니 곧 의인과 악인의 부활이 있으리라 함이니이다."

첫째, 의인의 부활

사도 베드로는 예수 그리스도의 부활하심으로 말미암아 우리가 새 생명을 얻고 산 소망 가운데 거하게 되었다고 말합니다.

베드로전서 1장 3절입니다. 빈칸을 채워보세요.
"우리 주 예수 그리스도의 아버지 하나님을 찬송하리로다 그의 많으신 긍휼대로 예수 그리스도를 죽은 자 가운데서 부활하게 하심으로 말미암아 우리를 거듭나게 하사 (   )이 있게 하시며"

우리를 거듭나게 하시고 산 소망 가운데 거하게 하신 하나님을 찬양합니다. 우리가 얼마나 소망 없는 죄인인 줄 아는 만큼, 그 가운데서 우리를 구원하시고, 거듭나게 하시고, 새 생명 가운데 거하게 하신 주님의 은혜를 인하여 감사할 것입니다. 이 모든 일은 '예수 그리스도의 죽은 자 가운데서 부활하심으로 말미암아' 이루어진 일입니다. 그리고 이 일은 '믿는 자들', 곧 '하나님 아버지의 미리 아심을 따라 성령이 거룩하게 하심으로 순종함과 예수 그리스도의 피 뿌림을 얻기 위하여 택하심을 받은 자들에게'(벧전 1:2) 이루어진 일입니다. 그리고 이들은 '의인의 부활'로 나오게 될 것입니다.

'의인의 부활'로 주님 앞에 서는 성도들은 하나님과 영원히 함께 살게 될 것입니다. 요한계시록 21장 3-4절 말씀입니다.

"내가 들으니 보좌에서 큰 음성이 나서 이르되 보라 하나님의 장막이 사람들과 함께 있으매 하나님이 그들과 함께 계시리니 그들은 하나님의 백성이 되고 하나님은 친히 그들과 함께 계셔서 모든 눈물을 그 눈에서 닦아 주시니 다시는 사망이 없고 애통하는 것이나 곡하는 것이나 아픈 것이 다시 있지 아니하리니 처음 것들이 다 지나갔음이러라."

'하나님이 그들과 함께 계시리니', '하나님은 친히 그들과 함께 계셔서'(3절) 성도가 부활을 통해 얻는 가장 큰 축복은 하나님과 함께한다는 사실입니다. 왜냐하면 하나님이 우리의 생명이고 기쁨이며 만족이기 때문입니다.

반면에, 또 다른 부활도 있습니다.

둘째, 악인의 부활

"선한 일을 행한 자는 생명의 부활로, 악한 일을 행한 자는 심판의 부활로 나오리라"(요 5:29).

앞서 살펴본 것처럼, 예수님을 믿지 않는 사람은 심판의 부활로 나가게 될 것입니다.

요한계시록 20장 14-15절, 21장 8절입니다.
"사망과 음부도 불못에 던져지니 이것은 둘째 사망 곧 불 못이라 누구든지 생명책에 기록되지 못한 자는 불못에 던져지더라…그러나 두려워하는 자들과 믿지 아니하는 자들과 흉악한 자들과 살인자들과 음행하는 자들과 점술가들과 우상 숭배자들과 거짓말하는 모든 자들은 불과 유황으로 타는 못에 던져지리니 이것이 둘째 사망이라"

의인의 부활과 악인의 부활이 있습니다. 성도에게 주신 하나님의 크고도 놀라운 사랑과 은혜에 대한 감사와 함께 하나님의 엄위하고도 두려운 심판에 대한 경각심을 가져야 하겠습니다. 믿음 가운데 승리하는 여러분 되시기를 예수님의 이름으로 축원합니다.

함께 나누기

1. 요한복음 5장 29절 말씀을 암송해서 써보세요.
   _____
   _____
   _____
   _____

2. 의인의 부활에 있어서의 가장 큰 축복은 무엇인가요?
   _____
   _____
   _____
   _____

3. 불신자의 부활은 어떤가요?
   _____
   _____
   _____
   _____

한 주간의 기도 제목

나 _____
가정 _____
교회 _____

제17과

부활하신 주님이 우리에게 주신 것

성경: 요 20:20-21절 / 찬송: 323장, 184장

"예수께서 또 이르시되 너희에게 평강이 있을지어다 아버지께서 나를 보내신 것 같이 나도 너희를 보내노라 이 말씀을 하시고 그들을 향하사 숨을 내쉬며 이르시되 성령을 받으라"(21-22절)

부활하신 주님이 제자들을 찾아오셨습니다. 요한복음 20장에서만 제자들에게 세 번에 걸쳐서 '평강이 있을지어다'라고 말씀하셨습니다. 여기서 주님이 말씀하시는 '평강'(샬롬)은 일반적으로 생각하는 '마음의 평안함' 정도를 의미하지 않습니다. 전인격적이고 총체적인 '평강'을 의미합니다. 하나님께서 창조하신 타락하기 전의 '에덴동산'을 생각하면 됩니다. 에덴동산은 하나님과 인간의 관계, 사람과 사람의 관계, 사람과 자연 세계의 관계가 온전했습니다. 그 가운데 이루어지는 모든 일들이 생명력을 가지고 그 의미와 목적과 방식에 있어서 온전한 가치를 가지고 행해짐으로 온전한 열매를 맺는 상태를 의미합니다. 예수님께서 십자가와 부활을 통해 회복하신 상태입니다. 예수님은 부활하신 후에 제자들을 찾아오셔서, 모든 죄와 악한 것으로부터 구원한 당신의 제자들에게 이제 예수 그리스도 안에서 이루어진 (가능한) '평강'을 축복하신 것입니다. 예수 그리스도 안에서 '평강'하시기를 축원합니다.

이렇게 평강을 축복하시면서 예수님이 제자들에게 주신 것이 있습니다.

첫째, 소명입니다

요한복음 20장 21절입니다. 빈칸을 채워보세요.
"예수께서 또 이르시되 너희에게 평강이 있을지어다 아버지께서 나를 (   )

것 같이 나도 너희를 (   )"

예수님은 이미 이루신 복음(십자가와 부활)에 토대하여 제자들에게 소명을 주십니다.

"그러므로 너희는 가서 모든 민족을 제자로 삼아 아버지와 아들과 성령의 이름으로 세례를 베풀고 내가 너희에게 분부한 모든 것을 가르쳐 지키게 하라 볼지어다 내가 세상 끝날 까지 너희와 항상 함께 있으리라 하시니라"(마 28:19-20).

예수님은 복음(십자가와 부활)을 믿음으로 구원을 받고 영생을 소유한 제자들에게 '소명'을 주십니다. 소명은 짐이 아니라 특권입니다. 소명을 가진 사람과 그렇지 못한 사람의 삶은 하늘과 땅의 차이입니다. 이 시대의 주요 특징은 '소명 없음'이라고 말합니다. 다양한 사회 문제, 청년 세대 가운데 일어나는 사회 현상, 정신적 정서적 문제의 광범위함과 정도의 심각성의 배후에 '소명을 잃어버린 것'이 원인이 됩니다. 하나님은 예수님을 통해, 예수 그리스도의 십자가와 부활을 통해, 이러한 모든 문제에서 우리를 구원하셨습니다. 부활하신 주님이 우리에게 소명을 주셨습니다. 주님께서 우리에게 주신 소명을 기억해야 합니다. 여러분 모두 주님이 주신 '소명을 받은 사람'으로, '소명을 감당하며' 살아가시기를 축원합니다.

둘째, 성령을 주셨습니다

요한복음 20장 21절입니다. 빈칸을 채워보세요.
"이 말씀을 하시고 그들을 향하사 숨을 내쉬며 이르시되 (   )을 받으라."

어떤 성도들은 '소명감'이 없고, 또 어떤 성도들은 '소명감'은 있는데, 그 소명을 자신의 힘으로 감당하려고 하는 사람들이 있습니다. 둘 다 잘못된 것입니다. 앞서 말씀드린 것처럼, 모든 성도는 부활하신 주님이 부여하신 '소명'을 가져야 합니다. 그러나 한편으로 우리가 반드시 기억해야 할 것은, 주님이 우리에게 주신 소명은 우리 힘으로 감당할 수 없다는 것입니다. 예를 들어, 하나님이 우리를 사랑하신 것처럼, '온 마음과 뜻과 힘을 다해 하나님을 사랑하고 이웃을 사랑하는 것', '가까운 이웃에서부터 열방의 민족들에게까지 예수 그리스도(복음)를 증거하는 것', '그것을 위한 수고와 섬김' 등등. 그 어느 것 하나도 우리가 가지고 있는 힘과 지혜로 감당할 수 없습니다. 그래서 부활하신 주님은 우리에게 '성령'을 주셨습니다.

심지어 예수님조차도 이 땅에서 아버지께서 보내신 뜻을 따라 '소명'을 감당하실 때 '성령으로' 감당하셨습니다.

"하나님이 나사렛 예수에게 성령과 능력을 기름 붓듯 하셨으매 그가 두루 다니시며 선한 일을 행하시고 마귀에게 눌린 모든 사람을 고치셨으니 이는 하나님이 함께 하셨음이라"(행 10:38).

우리는 더 말할 것도 없습니다. 우리에게는 성령님이 필요합니다. 그래서 부활하신 주님이 우리에게 '성령'을 주셨습니다. 성령님께서 우리가 소명을 잘 감당할 수 있도록 우리를 가르치시고, 인도하시고, 능력을 주십니다.

부활하신 주님께서 '평강' 가운데, 우리에게 맡기신 '소명'을, '성령님'의 인도와 역사하심을 따라 충성되게 잘 감당하시기 바랍니다. 여러분이 주님 앞에 갔을 때에 '잘하였도다 착하고 충성된 종'이라 칭찬 받으시기를 예수님의 이름으로 축원합니다.

함께 나누기

1. 부활하신 예수님이 제자들에게 무엇을 축복하셨나요?
   _____
   _____
   _____
   _____

2. 예수님은 제자들에게 무엇을 주셨나요?
   _____
   _____
   _____
   _____

3. 예수님이 맡기신 소명을 어떻게 감당할 수 있나요?
   _____
   _____
   _____
   _____

한 주간의 기도 제목

나 _____
가정 _____
교회 _____

5월

◆

제18과 어린 아이들을 용납하라

제19과 사랑은 사랑을 낳고

제20과 하나님을 향한 신뢰

제21과 유대로 다시 가자

제22과 나를 향한 하나님의 기적

제18과

어린 아이들을 용납하라

성경: 눅 18:15-17절 / 찬송: 559장

"예수께서 그 어린 아이들을 불러 가까이 하시고 이르시되 어린 아이들이 내게 오는 것을 용납하고 금하지 말라 하나님의 나라가 이런 자의 것이니라"(16절)

여러분은 누가복음을 어떻게 읽으십니까? 성경에는 4개의 복음서가 있습니다. 각 복음서마다 저마다의 특징이 있는데 그중 누가복음은 많은 부분에서 예수님을 이스라엘 사회에 존재하는 종교적, 문화적, 사회적, 그리고 경제적 고정관념 혹은 장벽을 뛰어넘는 분으로 묘사를 하고 있습니다. 예수님께서는 종종 가난한 자들과 연약한 자들과 함께하셨고, 죄인들과 이방인들, 그리고 과부와 고아들의 친구가 되어 주셨습니다. 물론 이런 예수님의 행동은 메시아를 고대하던 이스라엘 백성들이 기대했던 메시아의 모습은 아니었습니다.

오늘 본문은 사람들이 예수님께서 만져 주심을 바라고 자신들의 어린 아이를 데리고 왔다고 말하고 있습니다. 왜 그랬을까요? 성경학자들에 따르면 이 당시 어린 아기들의 사망률이 30%에 달했다고 합니다. 많은 아이들이 질병과 기근, 그리고 전쟁으로 인해 채 성장하기도 전에 죽임을 당하곤 했다는 것입니다. 질병, 기근, 전쟁으로 인하여 6세까지 생존한 아이들의 30%와 16세까지 생존한 아이들의 60%가 사망했습니다.

상황이 이렇다보니 부모들에게는 어린 아이가 잘 자라는 것이 제일 큰 소망입니다. 그때 사람들의 질병을 고치시고, 귀신을 쫓아내시며 여러 기적을 행하는 예수님의 소식은 마른 땅에 단비와 같았을 것입니다. 예수께서 오셨다는 소식을 들은 많은 부모들이 자신의 아이를 축복하시고 질병에서 놓임을 받도록 만져 주시도록 아이를 안고도 오고, 업고도 온 것입니다.

그런데 문제가 하나 있었습니다. 당시 이스라엘 사회에는 성인이 되지 못한 어린아이들의 권리를 인정하지 않는 사회적 시스템이 자리 잡고 있었다는 것입니다. 앞서 말씀드린 것처럼 언제 죽을지 모르는 어린 아이들의 권리까지 인정해 주기에는 사회적 시스템이 미비한 부분이 많았던 것입니다. 그러기에 심지어 예수님의 제자들조차 이러한 오랜 관습에 젖어 있어 어린 아이를 데리고 오는 사람들을 막고 서서 꾸짖습니다. 그 사회의 관습에 빠져 살다보니 예수를 믿는다고 하면서도 다르게 생각하거나 올바르게 보지를 못하는 것입니다.

아마도 제자들은 자신들의 행동이 정당하다고 생각했을 것입니다. 더 나아가 어쩌면 자신들의 행동은 예수님께 칭찬을 받을 만한 행동이라고 생각했을 수도 있습니다. 자신들의 행동이 바쁜 일정으로 피곤하고 지치신 예수님의 휴식 시간을 방해받지 않게 하고 있다고 여길 수도 있고, 막무가내로 달려드는 귀찮은 어린 아이들이 예수님께 달려드는 것을 막고 있다고 생각했을 수도 있습니다. 그러나 아이들을 꾸짖고 나무라는 제자들에게 예수님께서 이렇게 말씀하셨습니다.

"어린 아이들이 내게 오는 것을 용납하고 금하지 말라 하나님의 나라가 이런 자의 것이니라(16절)".

하나님의 나라가 이런 어린 아이들과 같은 자들의 것'이라는 말씀이 과연 무엇을 뜻하는지 생각해 보신 적이 있으십니까?

예수님께서는 어린 아이들을 장애인, 가난한 자, 과부, 고아와 같이 사회적, 문화적, 종교적 약자로 여기신 것입니다. 지금도 그렇지만 당시 이스라엘 사회에서 사회적 약자로 살아간다는 것은 그들의 삶이 하루하루 힘겨웠음을 의미합니다. 그럼에도 그들은 또 하루를 시작하며 오늘은 어제와 다를 것이라는 소망으로 아침의 해를 봅니다.

예수님께서는 사회적 약자들을 그냥 지나치신 적이 없습니다. 예수님께서는 끊임없이 사회에서 소외됨으로 울부짖고 연약함으로 아파하는 사람들을 위로하고 고치시고, 싸매어 주셨습니다. 그리고 지금 예수님께서는 어린 아이들에게도 긍휼한 마음으로 다가가신 것입니다. 장성한 어른들에게 하나님의 은혜와 사랑이 필요하다면 어른들처럼 자신의 의견을 피력할 수도 없고, 자신의 힘으로는 삶을 건사할 수 없는 어린 아이들은 더욱 하나님의 은혜와 사랑이 필요하지 않겠습니까?

5월의 하루 만이 아닌 매일이 하나님의 은혜로 어린아이들에게 복되고 기쁜 날이 되기를 함께 기도합시다.

함께 나누기

1. 오늘 본문 중에서 가장 인상적인 말씀은 무엇이며 왜 그렇게 생각하는지를 나누어 봅시다.

   _____
   _____
   _____

2. 어린 아이들을 비롯한 사회적 약자들에 대하여 평소 얼마나 관심을 가지고 계시는지요?

   _____
   _____
   _____
   _____

3. 가정이 하나님의 은혜 안에서 아름답게 세워져 가도록 함께 기도하시기 바랍니다.

   _____
   _____
   _____
   _____

한 주간의 기도 제목

나 _____
가정 _____
교회 _____

제19과

사랑은 사랑을 낳고

성경: 신 6:1-9절 / 찬송: 235장

"이스라엘아 들으라 우리 하나님 여호와는 오직 유일한 여호와이시니 너는 마음을 다하고 뜻을 다하고 힘을 다하여 네 하나님 여호와를 사랑하라"(4~5절)

성도님들께서는 부모님 혹은 자녀들의 손을 언제 마지막으로 붙잡아 보셨습니까? 언제 마지막으로 온 가슴으로 안아보며 그 온기를 느껴보셨습니까? 그렇게 사랑스럽다고 물고 빨며 키우던 아이들이 어느새 커서 사춘기에 접어들면 점차 부모의 손길을 뿌리치기 시작합니다. 이때가 되면 세상에 대한 호기심도 커지고 이성(異性)에 관심을 갖게 되기에 부모와는 점점 어색해져 가는 것입니다. 그러니 다 큰 자녀들 입장에서는 '어버이날이 가장 진심을 전하기 어려운 기념일'이라는 말이 나옵니다. 자신을 어색하게 느끼는 자녀를 보는 부모의 마음은 어떨까요? 자녀가 느끼는 감정은 어색함이겠지만, 그러한 자녀를 보는 부모의 마음은 그래도 사랑이라 믿습니다.

오늘 본문 신명기(申命記) 말씀은 이제 나이 많아 죽음을 앞둔 모세가 약속의 땅 가나안 입성을 앞두고 있는 출애굽 2세대에게 이스라엘의 지난 40여 년의 광야생활을 회고하면서 가나안에 들어가서는 이전의 실수들을 반복하지 말고 하나님의 말씀에 순종할 것을 가르치는 내용입니다.

사실 지금 모세가 전하는 말을 듣고 있는 사람들의 대부분은 처음 애굽을 탈출했을 때의 그 사람들이 아닙니다. 40여 년 전, 애굽을 탈출했던 사람들 대부분은 광야생활 동안 죽었고, 지금 모세로부터 신명기 말씀을 듣고 있는 사람들은 대부분 광야생활 동안 태어난 사람들입니다. 다시 말해서 지금 모세의 신명기를 듣고 있는 사람들은 호렙산에서 직접 하나님과 언약을 맺은 당사자들이 아니라는 것입니다. 그럼에도 불구하고 모세가 출애굽 2세대에게 하나님의 말씀을 가르치는 이유는 무엇일까요?

이는 하나님께서 주신 약속의 말씀은 가고 오는 모든 세대를 위해 주어진 말씀이기 때문입니다(신 5:2~3 ; 6:2). 앞 선 세대는 뒤이어 오는 세대에게 하나님의 말씀을 온전히 전해주고 가르쳐야 할 의무가 있습니다.

우리가 가진 하나님께 대한 뜨거운 사랑과 열정, 그리고 우리가 금과옥조(金科玉條)처럼 여기는 하나님의 말씀을 어떻게 자녀들에게 그대로 전하고 가르칠 수 있을까요? 모세는 이렇게 말합니다.

"너는 마음을 다하고 뜻을 다하고 힘을 다하여 네 하나님 여호와를 사랑하라"(6:5).

이는 앞선 세대가 먼저 하나님을 경험하는 삶을 살며 본을 보여야 한다는 것입니다. 부모가 하나님을 경험해 본 적이 없는데 어떻게, 그리고 무엇을 자녀에게 전하거나 가르쳐 줄 수 있을까요? 부모 된 우리가 먼저 하나님과 동행하며 마음과 뜻과 힘을 다하여 하나님을 사랑하는 삶을 살아본 적이 없는데 어떻게 자녀들에게 하나님과 동행하는 삶을 살라고 할 수 있을까요?

그렇기에 모세는 '네 자녀에게 부지런히 가르치라'고 말하기 전에 부모 된 자들이 먼저 하나님을 사랑하는 삶을 살라고 말하고 있는 것입니다. 자녀는 하나님께 순종하며 선하고 아름다운 삶을 사는 부모의 모습을 직접 눈으로 보고 경험할 때 온전히 하나님을 알아가게 됩니다.

자녀들이 올바른 자세로 예배하기를 원하십니까? 먼저 올바르게 예배하는 모습을 보여주십시오. 자녀들이 항상 기도하며 살기 원하십니까? 먼저 기도하는 모습을 보여주십시오. 그러면 됩니다.

많은 신앙의 선배들이 "자녀는 부모의 눈물 기도를 먹고 자라며 눈물 기도의 자녀는 망하지 않는다."라는 말을 하곤 합니다. 충분히 공감이 되는 말입니다. 또한 "내리사랑은 있어도 치사랑은 없다"는 말이 있습니다. 사랑도 물처럼 위에서 아래로 내려가지 거꾸로 올라가는 법은 없다는 말인데 신앙도 그와 같습니다. 신앙도 부모로부터 자녀들에게로 흘러갑니다.

자녀들에게 하나님께 순종하며 사는 신앙생활에 대한 올바른 가치관과 경험을 심어주도록 부모 된 성도님들께서 먼저 본이 되는 삶을 살아주시기를 간곡히 부탁드립니다.

함께 나누기

1. 오늘 본문 중에서 가장 인상적인 말씀은 무엇이며 왜 그렇게 생각하는지를 나누어 봅시다.

   _____
   _____
   _____
   _____

2. 자녀들을 신앙으로 양육하는 좋은 방법 중의 하나는 가정 예배를 드리는 것입니다. 가정예배의 경험이 있다면 나누어 봅시다.

   _____
   _____
   _____
   _____

3. 신명기 6장 5절의 말씀을 어떻게 실천하고 계십니까?

   _____
   _____
   _____
   _____

한 주간의 기도 제목

나 _____
가정 _____
교회 _____

제20과

하나님을 향한 신뢰

성경: 잠 3:1-12절 / 찬송: 540장

"인자와 진리가 네게서 떠나지 말게 하고 그것을 네 목에 매며 네 마음 판에 새기라 너는 범사에 그를 인정하라 그리하면 네 길을 지도하시리라"(3, 6절)

『은혜 받는 습관』이라는 책을 쓴 데이비드 마티스 목사님은 이렇게 말합니다. "신앙생활은 우리의 작은 삶을 온 세상을 향한 하나님의 계획에 연결시키고, 우리에게 주어진 위대한 사명을 우리의 작고 사소한 일상의 행위에 적용하는 것을 의미한다."

만물을 지으시고 인간의 생사화복을 주관하시며 역사를 이끄시는 하나님의 크신 계획에 비하면 우리 한 사람 한 사람의 삶은 지극히 작아 보일 수 있습니다. 그런데 하나님께서는 우리의 작은 삶일지라도 당신의 크신 계획의 일부로 받아주시고 기억해주시고 사랑하시며 사용하여 주신다는 것입니다. 이것이 믿어지고 이것이 깨달아질 때 우리는 우리의 작고 사소해보일 수 있는 삶일지라도 하나님께서 기쁘게 받으시도록 주어진 하나님의 은혜를 통하여 다듬고 가꾸어감으로 변화되어야 하지 않겠습니까?

믿음은 내적 변화의 외적인 표현을 의미합니다. 마음에 품은 것이 온전히 변화된 삶을 통해 나타나 보여야 합니다. 그런데 종종 많은 사람들이 '사람은 쉽게 변하지 않는다'라고 말합니다. 성도님들의 생각은 어떻습니까?

누군가는 사람은 변하지 않는다고 이야기하는 시대에도 또 다른 누군가는 자신의 삶을 변화시켜 가고 있음을 알아야 합니다. 무엇보다도 우리는 하나님께서 기대하시는 만큼 변화되어야 하는 성도입니다. 어떻게 해야 할까요?

오늘 읽으신 본문 3절에 그 답이 있습니다.

> "인자와 진리가 네게서 떠나지 말게 하고 그것을 네 목에 매며 네 마음 판에 새기라."

'인자와 진리'는 하나님께로부터 나타나는 속성(屬性)입니다. 잠언서의 저자는 하나님의 특징인 '인자와 진리'가 당연히 하나님을 믿는 우리에게도 있어야 함을 말하고 있는 것입니다. 이 단어들의 뜻을 가장 잘 표현하는 쉬운 우리말을 찾으면 '충실함'과 '신실함'이 될 것입니다. 하나님을 믿되 충실함과 신실함으로 하라는 것입니다. 우리가 하나님을 충실함으로 그리고 신실함으로 믿고 섬길 때 하나님께서는 우리를 하나님과 사람 앞에서 은총과 귀중히 여김을 받게 하심으로 변화된 삶을 살게 하실 것입니다(4절).

또한 잠언서 기자는 6절에 **"너는 범사에 그를 인정하라 그리하면 네 길을 지도하시리라"** 라고 말합니다. 이 말씀이 의미하는 것은 어떤 상황과 환경에서도 우리의 마음에 다른 것이 아닌 하나님을 주인으로 삼으라는 것입니다.

로버트 멍어 목사님이 쓴 『내 마음 그리스도의 집』이라는 책을 보면, 예수님을 마음의 집에 초대한다고 할 때 어디까지를 내어보일지를 염려하는 우리의 모습이 있음을 말합니다. 평소 손님을 집에 초대한다고 할 때 어디까지 내어 보입니까? 보통 식탁이 있는 주방 가까이나 소파가 있는 거실을 공개하고 그곳에서 차를 마시며 담소를 나누거나 식사를 할 것입니다. 웬만해서는 나의 사생활이 물씬 묻어있는 침실이나 이것저것 잡동사니를 쌓아놓은 창고를 공개하지는 않을 것입니다. 때론 우리의 믿음의 삶이 이와 같지 않은지 로버트 멍어 목사님은 이 책을 통해 묻고 있습니다. 예수님을 믿는다고 하면서도 끝까지 열어 보이지 못한 마음의 한 구석이 있을 수 있음을 말하고 있는 것입니다.

그러나 우리는 마음에 은밀한 일을 행하고 쌓아놓은 방이 있을지라도 주님께 철저히 내어 보여야 합니다. 사생활이라고 생각하는 부분까지 그리고 우리의 마음의 많은 부분을 차지하고 있는 물질에 대한 탐욕을 담아놓은 방까지 모두 열어야 합니다. 그래야 변할 수 있습니다.

하나님을 신뢰하며 삶 가운데 그분을 인정하십시오. 그리고 그에 맞는 내적인 변화의 외적인 표현을 나타내 보이는 삶으로 나아가십시오. 하나님께서 베푸시는 은혜를 경험케 됨으로 변화된 삶을 살게 될 줄로 믿습니다.

함께 나누기

1. '사람은 쉽게 변하지 않는다'라는 말을 어떻게 생각하십니까?
   _____
   _____
   _____

2. '범사에 하나님을 인정하라'라는 말씀을 얼마나 삶 가운데 실천하고 있다고 생각하십니까? 하나님을 인정하기에 하는 일과 하지 않는 일이 있다면 나누어 봅시다.
   _____
   _____
   _____

3. 예수를 믿는다고 하면서도 마음 한 구석에 아직도 예수님께 내어 보이지 못한 것들이 있을 수 있다는 말에 동의하시는지요? 가장 내어 보이기 힘든 것이 있다면 무엇일까요? 그리고 왜 우리는 마음의 전부를 예수님께 내어 보이지 못하는 것일까요?
   _____
   _____
   _____

한 주간의 기도 제목

나 _____
가정 _____
교회 _____

제21과

유대로 다시 가자

성경: 요 11:1-16절, 찬송: 542장

"예수께서 들으시고 이르시되 이 병은 죽을 병이 아니라 하나님의 영광을 위함이요 하나님의 아들이 이로 말미암아 영광을 받게 하려 함이라 하시더라 그 후에 제자들에게 이르시되 유대로 다시 가자 하시니"(4, 7절)

미국 흑인 침례교 목사이자 인권운동가였던 '벤저민 메이스' 목사님이 이런 말을 했습니다. "인생의 비극은 주로 실패가 아닌 현실 안주에서, 너무 많은 일을 하는 것이 아닌 너무 적은 일을 하는 것에서, 능력 이상으로 사는 것이 아닌 능력 이하로 사는 것에서 비롯된다." 이는 안주(安住)하는 삶에서 벗어나 다시금 고난을 당한다고 하더라도 도전하며 더 나은 성숙한 삶을 위해서 끊임없이 움직이라는 것입니다.

현실에 안주하다 보면 긴장감도 떨어지고 나태해지는 일이 생기는 법입니다. 또한 현실 안주가 길어지다 보면 때로는 그 삶을 더 오래 누리고자 욕심을 부리게 되는 경우도 있습니다. 평안하다 싶을 때 위기가 찾아옵니다. 계속 도전함으로 성장하고 성숙해지지 않는 안주하는 삶에는 생각지도 못한 어려움이 찾아올 수도 있습니다. 특별히 영적인 삶에는 더욱 그렇습니다. 기도와 예배의 생활을 규칙적으로 해오기까지 얼마나 많이 연단 받고 훈련을 받으며 여기까지 오셨습니까? 그러나 무너질 때는 한순간입니다.

하나님의 손을 붙잡고 은혜로 나갈 때 더욱 그 깊이를 더해가며 하나님과 동행하는 거룩한 삶으로 변화되어 가야 합니다. 삶 가운데 겪는 여러 일들 가운데 평안할 때는 평안하다고, 반대로 문제를 겪을 때는 문제로 인하여 힘들고 괴롭다고 예배와 기도하는 생활을 쉽게 되면 걷잡을 수 없이 무너져 내릴 수 있습니다. 그렇기에 성도는 주님께서 다시 오셔서 "착하고 충성된 종아 네가 적은 일에 충성하였으매 내가 많은 것을 네게 맡기리니 네 주인의 즐거움에 참여할지어다"(마 25:21)라고 말씀하시기까지 안주하지 말고 늘 성장하며 거룩한 삶을 살아내야 합니다.

오늘 본문은 예수님과 제자들이 베레아 지방에 머물 때 일어났던 일을 보여주고 있습니다. 어느 날 예수님께서 아끼시던 나사로가 병들었다는 소식이 들려왔습니다. 그러나 흥미롭게도 예수님께서는 사랑하시는 제자가 병들었다는 소식을 들었음에도 서두르지 아니하시고 계시던 곳에 이틀을 더 유하셨습니다(6절). 다른 사람들은 몰랐겠으나 예수님께서는 나사로의 일로 당신께서 영광을 받으실 때를 기다리신 것입니다.

그 후 하나님의 정한 때가 이르렀을 때 예수님께서는 제자들에게 "유대로 다시 가자(7절)"라고 말씀하셨습니다. 그러나 예수님의 말씀을 들은 제자들은 "랍비여 방금도 유대인들이 돌로 치려 하였는데 또 그리로 가시려 하나이까?(8절)"라고 반문하며 유대로 가는 것을 꺼려 했습니다. 이는 나사로의 집이 있는 유대지방에 있을 때 예수님을 반대하는 유대인들로부터 핍박을 받았기 때문입니다. 또 한편으로는 지금 머물고 있는 베레아 지방에서는 많은 사람들로부터 환영을 받았고 예수님을 믿는 사람도 많았기에 제자들은 환영받는 곳에서 더 안주하고 싶은 마음이 간절한 것입니다. 지금과 같은 상황이 계속 되었으면 좋겠고, 그곳에 계속 안주(安住)하고 싶은 것입니다. 친구 나사로가 병들었다고 하니 언젠가 가보긴 해야겠으나 적어도 지금은 아니라는 것입니다. 놀랍지 않습니까? 제자들이 현실에 안주하고 싶은 생각이 얼마나 강했던지 예수님의 말씀에 의문을 표하고 부정석 의견을 피력(披瀝)하고 있는 것이 말입니다.

그런데 만일 제자들이 예수님의 말씀을 끝까지 듣지 아니하고, 현실에 안주하고 자신의 이기적인 마음의 욕심만 채우느라 유대 땅으로 돌아가지 않는다면 놓치게 되는 것이 무엇인지 아십니까? 그것은 바로 예수님께서는 단순히 일반적인 랍비가 아니라 죽은 자를 살려 내기까지 하며 하나님의 뜻을 이 땅에 드러내고 온 인류를 구원하기 위해서 오신 하나님의 아들이심을 강력하고 분명하게 증거하는 사건을 목격하지 못하게 되는 것입니다.

상황이 이렇다면 어느 쪽을 택하는 것이 맞을까요? 잠시의 만족을 위해 현실에 안주해야 할까요? 아니면 믿음을 부여잡고 영적 성장을 위해 도전하고 모험으로 나아가야 할까요? 안주(安住)가 길어지면 올바른 생각이 아닌 다른 생각이 들어오고, 현실에 머물러 눌러앉고 싶어 하는 마음과 그에 따른 욕심이 생깁니다. 안주하고 싶은 마음이 들었을 때 '유대로 다시 가자'라고 외치시는 주님의 음성을 들을 수 있어야 합니다. 때로는 어렵고 힘들어도 다시금 하나님의 은혜의 자리로, 기도와 예배의 자리로, 그리고 섬김의 자리로 나아와야 합니다. 그러할 때 사랑하는 주님께서만이 주실 수 있는 은혜를 경험하게 될 것입니다.

함께 나누기

1. 안주하는 마음은 언제나 부정적일까요? 아니면 안주하는 것이 필요하며 유익할 때도 있을까요?

   _____
   _____
   _____
   _____

2. 지금의 성도님의 입장이나 형편이라면 예수님께서 '유대로 다시 가자'라고 말씀하실 때 어떻게 반응할 것 같습니까?

   _____
   _____
   _____

3. 지금 성도님의 삶에서 안주하지 않고 믿음으로 도전한다는 것이 의미하는 바는 무엇입니까? 또 그렇게 할 때 어떤 일이 일어나리라고 생각하십니까?

   _____
   _____
   _____

한 주간의 기도 제목

나 _____
가정 _____
교회 _____

제22과

나를 향한 하나님의 기적

성경: 시 59:1-17절 / 찬송: 544장

"나는 주의 힘을 노래하며 아침에 주의 인자하심을 높이 부르오리니 주는 나의 요새이시며 나의 환난 날에 피난처심이니이다 나의 힘이시여 내가 주께 찬송하오리니 하나님은 나의 요새이시며 나를 긍휼히 여기시는 하나님이심이니이다"(16~17절).

다윗은 성경에서 예수님 다음으로 자주 언급되는 인물입니다. 그만큼 다윗은 하나님께 신실했던 실로 놀라운 신앙의 소유자였습니다. 그런데 흥미로운 사실은 성경의 수많은 다윗의 이야기에는 초자연적인 기적의 이야기가 없다는 것입니다.

우리는 신앙생활을 하면서 자주 기적에 목말라 하며 우리의 삶 가운데 꿈 같은 기적이 일어나기를 간구합니다. 청천벽력과도 같은 질병으로 인하여 눈물로 밤을 지새우다가도 자고 일어나면 질병이 다 나아있기를 기도하고, 수년째 계속되고 있는 경제난 속에서도 내가 하는 사업만은 번창하기를 기도합니다. 그런데 성경은 그렇게도 많은 곳에서 다윗의 이야기를 전하고 있으면서도 하나님께서 초자연적인 기적으로 함께하셨다는 이야기가 없습니다.

다윗이 다른 성경의 위인들보다 믿음이 적었기 때문일까요? 아니면 다윗이 겪은 인생의 굴곡이 다른 성경의 위인들보다 적었기 때문일까요? 과연 다윗의 삶이 우리에게 주는 교훈은 무엇일까요? 성경은 초자연적인 기적이 없었음에도 불구하고 다윗의 신앙에는 한 점 흐트러짐이 없었다고 말합니다. 오늘 본문을 포함한 다윗이 기록한 무수히 많은 시편들은 지나온 힘난한 세월을 탄식함으로 불평하기 보다는 하나님을 찬양하는 말들로 채워져 있습니다. 놀랍지 않습니까?

다윗의 삶을 통해 우리가 배우게 되는 교훈은 하나님을 사랑하고 그분의 이름을 높이며 찬양하는 일은 하나님께서 내게 베풀어주신 놀라운 기적이 있기 때문에 조건부로 드리는 것이 아니라는 것입니다. 모든 일이 내 뜻대로 되고 늘 평탄한 삶을 살기에 하나님을 찬양하는 것이 아니라는 것입니다. 다윗은 어떤 상황과 환경에서도 오직 하나님 한 분만으로 만족하며 하나님을 높이며 찬양했습니다. 이런 다윗의 마음을 훗날 사도 바울은 하나님께서 이렇게 칭찬하셨다고 증거하고 있습니다.

"내가 이새의 아들 다윗을 만나니 내 마음에 맞는 사람이라 내 뜻을 다 이루리라"(행 13:22).

'하나님 마음에 맞는 사람!' 이 얼마나 아름다운 호칭입니까?

오늘의 본문인 시편 59편은 사무엘상 19장 11절~17절을 배경으로 하고 있다고 알려져 있습니다. 사울 왕이 다윗의 인기가 점점 높아지자 시기(猜忌)하고 미워하는 마음으로 다윗을 죽이고자 사람을 보냈습니다. 그때 다윗의 아내 미갈이 그 사실을 알고 다윗을 밤에 창에서 달아 내려서 도망가게 하여 겨우 화를 면했습니다. 이후 다윗은 자신을 죽이려는 사울 왕이 블레셋과의 전투에서 죽기까지 10여 년 정도를 사울 왕에게 쫓겨 정처 없이 떠도는 시기를 보냅니다.

다른 성경의 위인들에게는 흔하게 일어나던 초자연적인 기적이 다윗에게도 일어났다면 다윗은 그러한 고생을 하지 않아도 되었을 것입니다. 그런데 그러한 일은 다윗의 삶에 일어나지 않았습니다. 그렇다고 하여 다윗이 절망하고 낙심하며 하나님을 원망하고 불평하며 제 멋대로 살았을까요? 아닙니다. 다윗은 자신의 처한 환경이 아닌 하나님을 주목하여 보았습니다. 그리고 자신이 경험하는 하나님을 이렇게 고백합니다.

"나는 주의 힘을 노래하며 아침에 주의 인자하심을 높이 부르오리니 주는 나의 요새이시며 나의 환난 날에 피난처심이니이다 나의 힘이시여 내가 주께 찬송하오리니 하나님은 나의 요새이시며 나를 긍휼히 여기시는 하나님이심 이니이다"(16~17).

다윗은 인생의 고난 중에 어떻게 이러한 믿음의 고백을 할 수 있었던 것일까요? 이는 기적에 대한 생각이 다르기 때문입니다. 다윗에게 있어 자신이 경험할 수 있는 가장 큰 기적은 하나님께서 자신을 사랑하고 계심이 가슴에 믿어지고 느껴지며 경험되어지는 것입니다. 그리고 그로 인하여 자신 또한 하나님을 사랑하고 있음을 고백하게 되는 것입니다. 초자연적인 기적만이 기적이 아닙니다.

당장 어려운 일을 만났더라도 혹은 당장 눈에 눈물이 흐르고 밤잠을 설치는 염려거리가 있다고 하더라도 가슴 아파해하지 마십시오. 하나님을 예배와 기도로 붙들 수 있는 마음이 있다면 아직 끝난 것이 아닙니다.

하나님을 요새와 피난처로 삼아 다윗처럼 믿음으로 인내하는 삶을 살아갈 때, 끝끝내 은혜와 사랑으로 함께 하시는 하나님을 깊이 경험하는 놀라운 기적을 보게 될 줄로 믿습니다.

함께 나누기

1. 하나님을 믿는 신앙 안에서 기적이 일어날 수 있음을 믿으십니까? 기적을 어떻게 정의하십니까?

   _____
   _____
   _____
   _____

2. 삶 가운데 하나님께서 베풀어주신 기적을 경험한 적이 있다면 나누어 봅시다.

   _____
   _____
   _____
   _____

3. 어떤 이는 믿는 이에게 기적은 일상(日常)이라고 말합니다. 그렇다면 기적을 경험하지 못하는 신앙생활도 있을까요? 무엇이 그런 차이를 만드는 것일까요?

   _____
   _____
   _____

한 주간의 기도 제목

나 _____
가정 _____
교회 _____

6월

♦

제23과 그리하면 사시리라

제24과 죽으면 죽으리라

제25과 종의 기도를 들으시옵소서

제26과 내 자신이 끊어질지라도

제23과

그리하면 사시리라

성경: 렘 27:12-17절 / 찬송: 581장

"내가 이 모든 말씀대로 유다의 왕 시드기야에게 전하여 이르되 왕과 백성은 바벨론 왕의 멍에를 목에 메고 그와 그의 백성을 섬기소서 그리하면 사시리라"(12절)

제사장 힐기야의 아들 예레미야는 남 왕국 유다의 마지막 50여 년 동안, 망해 가는 조국 유다를 향해 하나님의 심판의 경고를 대언해야 했던 눈물의 선지자였습니다. 하나님을 버리고 우상을 섬기며 죄의 길로 빠지는 유다의 왕과 백성들에게 회개하고 돌이키지 않으면 멀리 이방 땅으로 끌려갈 것을 끊임없이 선포했지만 그들은 듣지 않았습니다. 오히려 때리고 구덩이에 던지는 등 갖은 핍박을 했습니다. 결국 BC 586년 시드기야 왕 때 유다는 바벨론에 의해 멸망당하게 됩니다. 예레미야 선지자는 비록 자신의 나라가 죄의 대가로 망할 수밖에 없는 것을 알았지만 그럼에도 불구하고 온 성이 불타고 왕과 수많은 백성들이 잔인하게 죽임 당하는 것만은 막고자 했습니다. 이것은 또한 진노 중에도 긍휼을 베푸시는 하나님의 마음이었습니다.

"어찌하여 당신과 당신의 백성이 여호와께서 바벨론의 왕을 섬기지 아니하는 나라에 대하여 하신 말씀과 같이 칼과 기근과 전염병에 죽으려 하나이까"(13절)

"그러므로 당신들은 바벨론의 왕을 섬기게 되지 아니하리라 하는 선지자의 말을 듣지 마소서 그들은 거짓을 예언함이니이다."(14절)

이미 두 차례에 걸쳐 왕과 귀족, 용사 등 많은 포로들이 바벨론으로 끌려간 환란 속에서도 하나냐 같은 거짓 선지자들은 유다의 왕과 백성들을 우선 듣기 좋은 말로 더욱 위태롭게 하였습니다. '여호와께서 바벨론 왕의 멍에를

꺾어 끌려간 유다의 포로들이 돌아오고 빼앗긴 여호와의 성전 모든 기구가 이 년 안에 되돌려진다'라고 말하였습니다(렘 28:1~4).

이것은 하나님께서 예레미야를 통해 다음과 같이 선포하신 말씀과 전혀 다른 내용이었습니다.

"이 모든 땅이 폐허가 되어 놀랄 일이 될 것이며 이 민족들은 칠십 년 동안 바벨론의 왕을 섬기리라"(렘 25:11)

거짓 선지자 하나냐는 말한 그해 하나님의 벌을 받고 죽었습니다(렘 28:17). 시간이 지나면 거짓은 드러납니다. 어느 시대이든 사회가 혼란할수록 거짓 선지자들의 그럴듯한 목소리가 여기저기 난무합니다. 성도는 오직 성경에 비추어 그 진실을 분별해야 하고 예레미야처럼 늘 기도로 하나님께 나아가야 할 것입니다.

예레미야는 바벨론으로 끌려가 있는 포로들에게 하나님의 말씀을 편지로 알렸습니다.

"만군의 여호와 이스라엘의 하나님께서 예루살렘에서 바벨론으로 사로잡혀 가게 한 모든 포로에게 이와 같이 말씀하시니라 너희는 집을 짓고 거기에 살며 텃밭을 만들고 그 열매를 먹으라 아내를 맞이하여 자녀를 낳으며 너희 아들이 아내를 맞이하여 너희 딸이 남편을 맞아 그들로 자녀를 낳게 하여 너희가 거기에서 번성하고 줄어들지 아니하게 하라"(렘 29:4~6).

이 편지를 받은, 앞서 끌려갔던 다니엘과 귀족들 그리고 여호야긴과 에스겔, 모르드개의 선조 등 바벨론 포로들은 후일을 기약하며 바벨론 땅에서 정착할 수 있었을 것입니다.

반면 예루살렘 성은 30개월이나 바벨론 군에 포위되어 있는 동안 기근을 견디다 못해 백성들은 자녀를 삶아 먹는 끔찍한 지경에 이르게 되었습니다(애

4:10). 바벨론 군에 의해 왕궁과 백성의 집은 불탔고 예루살렘 성벽은 허물어졌습니다. 성이 함락되고도 끝내 투항하지 않고 도망하다가 사로잡힌 시드기야 왕은 눈앞에서 아들들을 죽이는 모습을 보았고 자신은 두 눈이 뽑힌 채 놋 사슬에 묶여 포로로 끌려가 바벨론 옥중에서 죽습니다(렘 52장).

하나님의 생각과 사람의 생각은 참 많이 다른 것을 우리는 예레미야의 본문 말씀을 통해 또 한 번 깊이 깨닫게 됩니다. 그리고 분명한 것은 하나님의 말씀을 따르는 길이 살길이라는 것입니다. 멸망한 유다에 남아서 남은 자들을 위로하며 백성 가운데 살 만큼 자신의 나라와 민족을 끝까지 사랑하고 또 사랑했던 예레미야를 선택하신 이유도 하나님 역시 유다를 살리고 싶으셨던 것입니다.

"바벨론에서 칠십 년이 차면 내가 너희를 돌보고 나의 선한 말을 너희에게 성취하여 너희를 이곳으로 돌아오게 하리라 여호와의 말씀이니라 너희를 향한 나의 생각을 내가 아나니 평안이요 재앙이 아니니라 너희에게 미래와 희망을 주는 것이니라"(렘 29:10~11).

예레미야처럼 '나라와 민족을 사랑하는' 선지자를 통해서 그 나라와 백성들에게 진정한 여호와의 평안을 전하신다는 것입니다.

함께 나누기

1. 시드기야 왕이 예레미야의 말을 듣고 바벨론 군에 항복했더라면 유다의 멸망에 있어 어떤 점이 달라졌을지 예상해 보세요.

   _____
   _____
   _____
   _____

2. 유다의 멸망을 고려할 때, 한 국가가 망하게 되는 징후에는 어떤 현상들이 나타날까요?

   _____
   _____
   _____
   _____

3. 우리나라 대한민국을 위해 오늘 현재 기도할 제목이 있다면 어떤 것이 있을까요?

   _____
   _____
   _____

한 주간의 기도 제목

나 _____
가정 _____
교회 _____

제24과

죽으면 죽으리라 (에스더)

성경: 에 3:10-15절, 4:13-16절 / 찬송: 214장

"이렇게 금식한 후에 규례를 어기고 왕에게 나아가리니 죽으면 죽으리라"(에 16절).

한 국가와 민족이 혹은 개인이 절체절명의 위기에 처했을 때 우리는 어떻게 하나님의 도우심을 구하며 다시 살아날 수 있을까요? 오늘 에스더와 모르드개의 목숨을 건 민족애와 절대적인 믿음의 행보를 통해 그 답을 얻고자 합니다.

첫째, 하나님은 어떤 경우에도 자기를 의뢰하는 백성의 살길을 예비하고 계심을 믿어야 합니다

에스더는 바벨론 왕이 예루살렘에서 사로잡아 간 유다인 포로의 딸이었습니다. 부모가 죽은 후에 친족 모르드개의 양육을 받으며. 바벨론을 점령한 페르시아의 겨울 수도 수산 성에서 자랐는데 그 용모가 매우 아리따웠습니다. 당시 페르시아의 왕은, '마라톤 전쟁'에서 패하고 죽은 다리오의 아들 아하수에로였습니다. 그는 아버지의 한을 풀고자 그리스를 정벌하기 위해 대군을 소집하고 전쟁을 독려하기 위해 온 지방 관리를 모아놓고 연회를 베풀었습니다. 그리고 연회가 무르익고 취기가 돌자 왕은 자신의 왕비 와스디의 미모를 자랑하고 싶어졌습니다. 그런데 와스디가 왕의 부름에 나아오지 않자 화가 난 아하수에로 왕은 와스디를 폐위하고 더 아름다운 새 왕비를 제국 전체에서 골라 뽑기로 정합니다. 그리고 100만 대군을 이끌고 그리스 정벌에 나섰는데 그 역시도 스파르타 300 용사의 '테르모필레 협곡'에서의 완강한 저항과 그리스 연합군의 전술로 아테네의 앞바다 '살라미스 해전'(BC 480년 9월)에서 대패하고 돌아옵니다. 그리고 1년 이상의 몸단장을 하고 기다리던 무수한 미녀들 가운데 아하수에로 왕은 에스더를 새 왕

비로 선택했습니다.

에스더가 뽑히는 과정을 성경에서 눈여겨 살펴보면 하나님의 은밀한 손이 와스디의 폐위를 시작으로 여러 단계마다 도우셨음을 알 수 있습니다. 궁녀를 주관하던 내시 헤개가 이 처녀를 좋게 보고 은혜를 베풀게 하셨습니다(2:9). 왕에게 나아가기 전에 특별한 치장을 더 구하지 아니하였어도 모든 보는 자에게 사랑받게 하셨습니다(2:15). 그리고 왕이 모든 여자보다 에스더를 더 사랑하게 하셨습니다(2:17). 왕이 그의 머리에 관을 씌우고, 모든 지방관과 신하들을 위하여 잔치를 베풀고 세금을 면제하는 등 멸망한 작은 나라의 고아를 제국 전체에 영예로운 존재로 세우셨습니다(2:17~18). 모르드개의 말처럼 하나님께서 유대민족의 위기의 때를 위해 미리 준비하신 과정이었습니다.

둘째, 하나님을 향한 절대적 믿음을 가진 리더가 목숨을 걸고 민족을 지키고자 할 때 살길은 열립니다

100만 대군을 이끌고서도 작은 도시연합국가 그리스를 정벌하지 못한 아하수에로 왕은 호기가 꺾였고 이후 주색잡기에 빠진 채 제대로 통치를 하지 못했던 것 같습니다. 그래서 악한 하만 같은 자를 2인자로 등용합니다. 하만은 유다인과는 출애굽 시절부터(출 17:8-16) 오랜 원수였던 아말렉의 왕족 아각 사람의 후손이었습니다. 대궐 문에 있는 모든 신하들이 하만에게 무릎 꿇어 절할 때, 에스더를 딸처럼 길러낸 유다인 모르드개는 무릎을 꿇지도 절하지도 아니하였습니다(3:2). 이러한 모르드개의 행동에 분노한 하만은 아하수에로 왕을 부추겨 모르드개는 물론이고 페르시아 전역의 모든 유대 민족을 멸하려는 계략을 세웁니다.

"이에 그 조서를 역졸에게 맡겨 왕의 각 지방에 보내니 열두째 달 곧 아달월 십삼일 하루 동안에 모든 유다인을 젊은이 늙은이 어린이 여인들을 막론하고 죽이고 도륙하고 진멸하고 또 그 재산을 탈취하라 하였고"(3:13).

모르드개는 왕비 에스더에게 이 모든 사실을 전하며 왕에게 나아가서 자기 민족을 위하여 간절히 구하라고 합니다(4:8). 그러나 에스더는 왕의 부름을 받지 못한 지가 이미 30일이라 만일 부름을 받지 않고 왕에게로 나가면 왕이 금 규를 내밀지 않는 한 법에 따라 죽게 되어 있었습니다. 그러나 모르드개는 단호했습니다.

"이때에 네가 만일 잠잠하여 말이 없으면 유다인은 다른 데로 말미암아 놓임과 구원을 얻으려니와 너와 네 아버지 집은 멸망하리라 네가 왕후의 자리를 얻은 것이 이때를 위함이 아닌지 누가 알겠느냐 하니"(4:14).

"에스더가 모르드개에게 회답하여 이르되 당신은 가서 수산에 있는 유다인을 다 모으고 나를 위하여 금식하되 밤낮 삼일을 먹지도 말고 마시지도 마소서 나도 나의 시녀와 더불어 이렇게 금식한 후에 규례를 어기고 왕에게 나아가리니 죽으면 죽으리이다 하니라"(4:16).

왕비가 된 이후에도 에스더는 모르드개의 명령을 양육 받을 때와 같이 따랐습니다(에 2:20). 그런데 민족이 멸절될 위기 앞에서 에스더는 자신의 목숨을 거는 모험을 결심하며 거꾸로 모르드개에게 명령합니다. 이 시점에서 그녀는 더 이상 양육 받던 모르드개의 어린 소녀가 아니라 민족의 운명을 짊어진 리더로서 변모하고 있음을 보게 됩니다. 에스더의 목숨을 건 기지로 인해 아하수에로 왕의 조서를 얻어 내어 유다인을 몰살하려던 그 날에, 오히려 하만과 모든 적들을 처단합니다. 하나님께서 그를 의뢰하며 목숨을 걸고 민족을 지키려는 리더들과 함께 연출하신 역전 드라마였습니다.

함께 나누기

1. 모르드개를 통해 배우고 싶은 점이 있다면 어떤 점일까요?
   _____
   _____
   _____
   _____

2. 현재 우리나라 상황 가운데 이렇게 가면 하나님 앞에 죄가 될 것 같은 부분이 있다면 어떤 점이 있을까요?
   _____
   _____
   _____
   _____

3. 현재 나의 삶 가운데 혹 어렵게 되거나 무너질까 봐 염려되는 부분이 있을까요?
   _____
   _____
   _____
   _____

한 주간의 기도 제목

나 _____
가정 _____
교회 _____

제25과

종의 기도를 들으시옵소서

성경: 느 1:1-11절 / 찬송: 323장

"이제 종이 주의 종들인 이스라엘 자손을 위하여 주야로 기도하오며 우리 이스라엘 자손이 주께 범죄한 죄들을 자복하오니 주는 귀를 기울이시며 눈을 여시사 종의 기도를 들으시옵소서"(6절)

6월은 호국보훈의 달입니다. 오늘의 대한민국이 있기까지 건국하고 지키고 가꾸어 오신 선배 세대의 공을 기억하며 감사하게 됩니다. 무엇보다도 암울했던 조선 말기 미국과 영국, 스코틀랜드 등 먼 나라에서 최고의 지성과 영성을 갖춘 선교사들을 이 땅에 보내 주셔서 복음을 전해주고 근대식 학교와 병원 그리고 교회를 세워 천부인권을 가진 자유인으로서 깨어나게 해 주신 하나님의 은혜는 크고 놀랍습니다.

1948년 7월 17일 우리나라 제헌 국회가 목사였던 이윤영 의원의 감사기도로 시작된 것도 이 나라를 향하신 하나님의 특별하신 계획을 성찰하게 합니다.

하나님을 전적으로 따르고 사랑한 사람은 자신의 민족과 나라도 목숨처럼 사랑하고 있음을 우리는 성경에서 볼 수 있습니다. 모세, 바울이 그러하고 오늘 본문의 주인공 느헤미야가 그렇습니다. 이 나라에 태어난 것도, 한 부모의 자녀로 태어나 형제자매가 된 것도, 더 나아가 한민족으로 연결된 것도 나의 선택이 아닙니다. 하나님의 섭리입니다. 그러므로 동족을 사랑하여 구원에 이르게 하고 나라를 사랑하여 하나님의 나라로 확장시키는 일은 믿는 자의 당연한 소명일 것입니다.

나라에 어려움이 많습니다. 국가의 어려움은 어떻게 극복될 수 있을까요?

첫째, 눈물로 기도하며 용기 있게 나아가는 한 리더에 의해 국가의 어려움은 해결의 실마리를 찾게 됩니다.

느헤미야는 고국 유다에서 온 형제로부터 안타까운 소식을 듣고 마음이 무너졌습니다.

"그들이 내게 이르되 사로잡힘을 면하고 남아 있는 자들이 그 지방 거기에서 큰 환난을 당하고 능욕을 받으며 예루살렘 성은 허물어지고 성문들은 불탔다 하는지라"(3절)

이에 느헤미야는 수일 동안을 울고 슬퍼하며 금식기도로 하나님께 나아갔습니다. 당시 느헤미야는 바벨론을 정복한 새로운 제국 페르시아의 도성 수산성에 있었습니다. 아닥사스다 왕의 신임을 받고 있는 술 맡은 관원이었습니다.

"주여 구하오니 귀를 기울이사 종의 기도와 주의 이름을 경외하기를 기뻐하는 종들의 기도를 들으시고 오늘 종이 형통하여 이 사람 앞에서 은혜를 입게 하옵소서 하였나니 그때에 내가 왕의 술 관원이 되었느니라"(11절)

고위직 관리로서 부러울 것 없는 삶이었을 것입니다. 그럼에도 그의 관심은 온통 불타 무너진 예루살렘 성에 있었습니다. 하나님 앞에 울며 금식기도 후 그는 담대하게 왕에게 말했습니다. 조상들의 묘실이 있는 성읍 유다 땅이 황폐하고 성문이 불탔다고 하오니 왕께서 자신을 그곳으로 보내 주어 성을 건축하게 해 달라고 요청했습니다. 뿐만 아니라 유다로 가는 길에 통과하게 될 지역의 통행 조서와 건축에 필요한 재목도 요청했습니다. 신기하게도 왕은 그의 모든 요청을 수락해 주었습니다. 그리고 이러한 결과를 느헤미야는 다음과 같이 고백하고 있습니다.

"내 하나님의 선한 손이 나를 도우시므로 왕이 허락하고"(2:8)

둘째, 눈물로 기도하며 용기 있게 나아가는 리더를 따라 소임을 다할 백성이 모이면 난국은 극복됩니다.

느헤미야는 페르시아 왕에 의해 유다의 총독으로 부임하게 됩니다. 그러나 무너진 성벽을 다시 쌓는 일은 만만치 않았습니다. 여러 방해 세력이 있었고 틈만 나면 쌓은 성을 무너뜨리려고 공격해 왔습니다. 그럼에도 그는 항상 기도하면서 대단한 전략과 용기로 적과는 양보 없는 싸움을, 성벽공사는 밤낮으로 독려하며 나아갔습니다.

"그때로부터 내 수하 사람들의 절반은 일하고 절반은 갑옷을 입고 창과 방패와 활을 가졌고 성을 건축하는 자와 짐을 나르는 자는 다 각각 한 손으로 일을 하며 한 손에는 병기를 잡았는데"(4:16~17).

느헤미야는 총독으로서 당연히 받을 수 있는 녹을 받지 않았습니다. 사익을 버리고 가난하고 어려움에 처한 백성을 살폈습니다. 이러한 그의 리더십은 역사에 동참하는 백성들의 충성심을 이끌었고 마침내 52일 만에 성벽공사를 마쳤습니다.

느헤미야와 같은 리더들이 국가 경영의 여러 영역에 세워지도록 우리는 간절히 기도해야 할 것입니다. 그리고 교회는 그런 리더들을 길러내는 산실이 되어야 할 것입니다.

함께 나누기

1. 오늘 본문 중에서 가장 인상적인 말씀은 무엇이며 왜 그렇게 생각하는지를 나누어 봅시다.

   _____
   _____
   _____
   _____

2. 느헤미야의 리더십 중 가장 높이 사고 싶은 자질과 그 이유를 말해 보세요.

   _____
   _____
   _____
   _____

3. 혹시 지금 자신의 믿음의 성벽을 무너뜨리게 하는 공격이 있는지요. 성벽을 파수하려면 어떻게 해야 할까요?

   _____
   _____
   _____

한 주간의 기도 제목

나 _____
가정 _____
교회 _____

제26과

내 자신이 끊어질지라도

성경: 롬 9:1-8절, 출 32:31~32절 / 찬송: 500장

"내가 그리스도 안에서 참말을 하고 거짓말을 아니하노라 나에게 큰 근심이 있은 것과 마음에 그치지 않는 고통이 있는 것을 내 양심이 성령 안에서 나와 더불어 증언하노니 나의 형제 곧 골육의 친척을 위하여 내 자신이 저주를 받아 그리스도에게서 끊어질지라도 원하는 바로라"(롬 9:1~3절).

바울의 기도가 놀랍습니다. 자기 민족을 사랑하는 마음이 이다지도 클 수가 있는 것인지 깊은 울림을 줍니다. 복음 외에는 모든 것을 배설물로 여길 만큼, 예수 그리스도를 통한 구원의 은혜는 바울 자신에게 있어 생의 최종 목표라고 할 수 있을 것입니다. 그런데 자신이 저주를 받아 그리스도에게 끊어져 영원한 지옥에 가는 한이 있더라도 동족 유대인의 구원을 간절히 원하고 있음을 성령 안에서 증언하고 있습니다.

이미 오신 메시아 예수를 몰라보고 과거의 자신처럼 예수를 믿는 이들을 핍박하고 율법과 형식에 얽매여 죄 가운데 거하며 구원받지 못하고 있는 형제들에 대한 근심으로 마음에 그치지 않는 고통이 있음을 토로하고 있습니다. 이것은 그가 이방의 사도로 부름 받아 발이 부르트도록 온 땅을 다니며 이방 민족에게 복음을 전파하고 수많은 구원의 역사를 일으키면서 정작 자기 골육 유대인은 구원하지 못하고 있는 안타까움이 얼마나 크고 절실한지 알 수 있게 만듭니다.

신약 성경 27권 중 13권이 바울이 쓴 편지글입니다. 신약시대 하나님께서 가장 크게 사용하신 사람은 사도 바울일 것입니다. 그런 만큼 자기 민족을 향한 그의 사랑도 큰 인물이었다는 것을 깨닫게 됩니다. 주님께서는 자기 민족을 두고 자기의 영원한 생명마저 걸고 있는 바울의 기도를 결코 외면하실 수 없으실 것입니다.

사도 바울처럼 민족의 큰 죄를 대신하여 자신의 이름이 생명책에서 지워져도 괜찮다며 하나님께 용서를 구한 사람이 한 분 더 있습니다.

구약의 39권의 책 중 가장 중요한 토라 즉 모세오경의 저자 모세가 그러했습니다. 하나님께로부터 십계명을 받고 벅찬 기쁨으로 산을 내려온 모세의 눈에 띈 광경은 기가 막혔습니다. 40일을 기다리지 못하고 아론과 이스라엘 백성들은 하나님을 버리고 황금송아지를 만들어 요란하게 경배하며 춤을 추고 있었습니다. 모두가 진멸될 위기에 처해 있었습니다.

"모세가 여호와께로 다시 나아가 여짜오되 슬프도소이다 이 백성이 자기들을 위하여 금신을 만들었사오니 큰 죄를 범하였나이다 그러나 이제 그들의 죄를 사하시옵소서 그렇지 아니하시오면 원하건대 주께서 기록하신 책에서 내 이름을 지워버려 주옵소서"(출 32:31~32).

하나님께서는 모세의 이러한 기도를 결코 외면하실 수 없으실 것입니다. 그렇게 유대 민족은 하나님께서 아끼시는 큰 종들의 간구로 인하여 진멸되지 않고 2025년 오늘 현재까지 중동의 주목받는 나라 '이스라엘'로 보존되고 있음을 보게 됩니다.

구약에서 하나님께서 가장 크게 사용하신 종 모세, 신약에서 가장 크게 쓰임 받은 종 사도 바울 이 두 분은 공통적으로 육체적 죽음뿐 아니라 사후 영원한 생명까지 포기할 만큼 자기 민족을 사랑했다는 것입니다. 어쩌면 하나님을 사랑하는 마음의 크기에 비례하여 자신의 형제, 민족을 사랑하는 마음도 커지는 게 아닐까 짐작하게 됩니다. 그리고 예수 그리스도께서 하나님 아버지와 함께 자신이 만드신 백성, 온 인류를 대속하여 십자가형을 받으시고 3일 동안 죽음 가운데 떨어지신 큰 사랑의 이유도 조금은 더 헤아리게 됩니다.

우리는 교회에서 혹은 전도현장에서 맡은 직분에 충실하고자 노력하고 믿지 않는 이들을 하나님께로 인도하고자 노력합니다. 그러나 문득 가까운 부모 형제나 친인척 가운데 대화가 끊어지고 관계가 소원해진 사람이 없는지 돌아보아야 하겠습니다. 어떤 관계는 회복을 원하지 않을 만큼 감정의 골이 깊고 섭섭함이 커져서 믿는 나로 인하여 믿지 않는 골육이 하나님께로 나아오기를 꺼려 하고 있을 수 있겠습니다. 그리고 가끔은 이미 죽은 사람임에도 용서가 안 되는 관계가 있을 수 있습니다. 우리는 연약한 존재이기 때문입니다.

바울처럼은 아니더라도 나의 가까운 사람과의 관계가 원만하게 회복되도록, 적어도 내가 복음이 들어가는 길을 막고 있는 존재는 되지 않도록 또 너무 늦기 전에 풀 수 있는 지혜와 용서할 수 있는 마음 주시기를 기도해야 할 것입니다. 그리고 더 나아가 동족 북한 동포들의 흉악의 결박이 풀어지도록 그리고 한민족이 복음 안에 하나 되어 주님 다시 오실 길을 예비하는 제사장의 사명을 감당할 수 있도록 간구해야 할 것입니다.

함께 나누기

1. 애국 애족의 마음을 담아 성도가 할 수 있는 일에는 어떤 것들이 있을지 나누어 봅시다.

   _____
   _____
   _____
   _____

2. 사도 바울과 모세의 민족 사랑을 통해 새로이 깨닫게 된 점이 있다면 나누어 보세요.

   _____
   _____
   _____
   _____

3. 하나님의 일을 하다가 가족 간의 혹은 가까운 지인과 갈등을 경험한 적이 있다면 나누어 봅시다.

   _____
   _____
   _____

한 주간의 기도 제목

나 _____
가정 _____
교회 _____

7월

◆

제27과 주의 이름이면 항복하더이다
제28과 무엇이든지 원하는 대로 이루리라
제29과 성령을 주시지 않겠느냐
제30과 성령 충만을 유지하는 길
제31과 기도의 밧줄, 찬송의 단비로

제27과

주의 이름이면 항복하더이다

성경: 눅 10:17~20절 / 찬송: 320장

"칠십 인이 기뻐하며 돌아와 이르되 주여 주의 이름이면 귀신들도 우리에게 항복하더이다 예수께서 이르시되 사탄이 하늘로부터 번개같이 떨어지는 것을 내가 보았노라"(17~18절).

서기, 즉 AD 1년 예수님께서는 구약성경에 기록된 대로 처녀의 몸에서 태어나셨습니다. 그리고 목수의 아들로서 30년 동안 조용히 사셨습니다. 때가 이르러 AD 30년경 기록된 대로 메시아의 오심을 선포하며 회개를 촉구하고 있던 세례 요한에게 세례를 받으셨습니다. 그리고 40일을 광야에서 금식하며 사탄의 시험을 통과하신 뒤 공생애를 시작하셨습니다. 예수께서는 귀신을 쫓아내고, 병든 자를 고치며, 물고기 2마리와 보리떡 5개로 5천 명의 배고픈 군중을 먹이는 기적을 행하셨습니다. 그리고 이러한 자신의 사역을 제자들도 할 수 있도록 그들을 훈련시켜 세우셨습니다. 먼저 12명의 제자를 세우시고 이어 70인을 훈련시켜 2명씩 각 지방으로 보내셨습니다. 그들을 통해 복음을 전파하고 또 다른 추수할 일꾼들을 부르기 위함이었습니다(1~2절). 그 부름이 이어지고 이어져서 2천년이 지난 오늘 2026년 현재 우리에게까지 이르렀습니다. 주님은 우리를 제자로 부르시고 세상에 보내시면서 그냥 보내시지 않았습니다.

첫째, 원수의 모든 능력을 제어할 권능을 주셨습니다.

제자들이 처음에는 믿음이 없어 귀신 들려 고생하는 아이를 고치지 못했습니다. 그런데 예수님으로부터 기도와 믿음에 대한 가르침을 받고 그분이 일러 주신 대로 '예수의 이름으로' 나아갔을 때 그들은 주님께서 말씀하신 대로 원수의 모든 능력을 제어할 권능을 행사할 수 있었습니다.

"내가 너희에게 뱀과 전갈을 밟으며 원수의 모든 능력을 제어할 권능을 주었으니 너희를 해칠 자가 결코 없으리라"(19절)

예수님께서 제자들에게 하신 약속은 어마어마합니다. 복음을 전파하는 제자들의 걸음을 위협하는 뱀이나 전갈을 밟아 버리며, 대적하는 원수들의 모든 능력을 제어할 권세와 능력을 주신 것입니다. 이러한 주님의 약속은 본문의 70인 제자를 비롯하여 이후 제자들의 사역에 그대로 나타났습니다.

그 한 예로 사도 바울을 로마 법정으로 실어가던 배가 난파하여 멜리데라고 하는 섬의 원주민에게 구조되었을 때 일입니다. 비가 오고 날이 차서 모닥불을 피우던 중 바울이 나무 한 묶음을 거두어 불에 넣으니 뜨거움으로 말미암아 독사가 나와 그의 손을 물었는데, 바울은 뱀을 불 속에 떨어 버렸습니다. 이를 본 경험 많은 그곳 원주민들은 그가 필시 죽으리라 예상했으나 죽지도 않고 조금도 상함이 없었으므로 바울을 신처럼 여기게 되었고 그 섬의 가장 높은 자의 부친 등 여러 병든 자들을 기도하고 안수하여 낫게 했습니다(행 28장). 70인 제자들이 가는 곳마다 예수 그리스도 메시아가 오셨음이 전파 되었고, 예수의 이름으로 기도할 때 병든 자가 고침 받고, 예수의 이름으로 명령할 때 귀신이 떠나갔습니다. 그리고 옥에 갇히고, 매를 맞고 온갖 핍박을 당함 속에서도 그것들을 제어할 권세와 능력을 주신 것입니다. 한밤중에 옥문을 열게 한 바울과 실라의 기도와 찬송이 그러한 권능이며(행 16장), 돌팔매를 맞아 죽어가면서도 평강의 모습으로 자신을 핍박하는 자들을 위해 기도했던 스데반 집사님의 순교 모습(행 7장) 또한 원수의 모든 능력을 제어한 하늘로부터 주신 권능일 것입니다. 오늘 나의 삶의 최종 목적이 구원의 소식인 예수 그리스도를 전할 때 일상의 소소한 일에도, 장시간의 선교여행에도 걸음마다 주님은 원수의 모든 능력을 제어할 권능으로 함께하신다는 것입니다.

둘째, 혼자 보내지 않으십니다.

동역자를 붙여 주시고 뒤이어 주님도 오십니다.

"그 후에 주께서 따로 칠십 인을 세우사 친히 가시려는 각 동네와 각 지역으로 둘씩 앞서 보내시며"(10:1).

주님께서는 '친히 가시고자 정하신 곳에' 제자들을 둘씩 짝을 지어 앞서 보내셨습니다. 이 말씀은 주님께서 곧이어 오신다는 뜻이기도 하지만 세례 요한이 그러했듯이 우리가 먼저 복음을 전해야만 주님이 오실 길이 예비 된다는 의미이기도 합니다. 동역자를 붙여 주시고, 주님이 마무리하시는 일이 복음을 전하는 일입니다. 사탄을 공중에서 뚝 떨어지게 하는 막강한 권능의 삶, 은혜가 충만한 길입니다.

셋째, 가장 아름다운 약속, 하늘에 너희 이름이 기록된다는 약속을 주셨습니다

"그러나 귀신들이 너희에게 항복하는 것으로 기뻐하지 말고 너희 이름이 하늘에 기록된 것으로 기뻐하라 하시니라"(20절)

심장에 예수를 담은 제자로서 사는 길은 은혜가 충만한 삶입니다. 전도뿐 아니라 교회에서 맡은 봉사, 내 이웃과 나누는 정, 직장에서 맡은 일, 작든 크든 모든 일에 예수의 이름을 높이고자 한다면 나로 인해 하나님의 나라가 확장되고, 많은 사람을 옳은 데로 인도하게 될 것입니다. 그리고 주님이 내 이름을 하늘에 기록하고 별과 같이 영원히 빛나게 하실 것입니다.

함께 나누기

1. 오늘 본문 중에서 가장 강하게 새겨지는 말씀은 무엇인지요?
   _____
   _____
   _____
   _____

2. 내 주변, 혹은 일가 친족 중 주님이 먼저 가서 복음을 전하라고 명하시는 대상이 있다면 그 이름을 적어 봅시다.
   _____
   _____
   _____
   _____

3. 내가 절대 할 수 없는 일이었으나 예수님의 이름으로 명하거나 기도했을 때 이루어진 일이 있다면 나누어 봅시다.
   _____
   _____
   _____
   _____

한 주간의 기도 제목

나 _____
가정 _____
교회 _____

제28과

무엇이든지 원하는 대로 이루리라

성경: 요 15:1-10절 / 찬송: 260장

"너희가 내 안에 거하고 내 말이 너희 안에 거하면 무엇이든지 원하는 대로 구하라 그리하면 이루리라"(7절)

예수님과 온전히 동행하는 사람, 즉 은혜가 충만한 성도에게 나타나는 특징이 있습니다.

첫째, 기도의 응답을 잘 받습니다

예수님을 구주로 영접한 사람은 예수님의 몸으로 살게 됩니다. 그의 삶은 영과 혼과 육 전체가 예수화(化) 되는 길로 가는 여정이라고 볼 수 있습니다.

내 눈이 예수님의 눈처럼 되기를 원합니다. 그래서 지혜롭게 사물을 보고 이웃의 마음을 예수님처럼 헤아릴 수 있고 내 눈을 통해 사람들에게 예수님의 위로와 사랑이 전해지기를 원합니다. 내 손이 행하는 일, 내 걸음이 닿는 곳에 예수님의 은혜가 닿기를 희망합니다. 그러나 아담과 하와 이래로 하나님의 형상대로 지음 받은 인간 '나'는 독립적인 존재이고자 하고 마음 한가운데 있는 주인의 자리를 좀처럼 양보하지 않으려 합니다. 그래서 아침에는 주님께 내어 드렸다가 저녁이면 다시 내가 앉아 있습니다. 힘들 때는 '주님 살려 주세요' 납작 엎드렸다가 문제가 해결되면 내가 또 주인이 됩니다.

주님께 주인 자리를 항상 내어 드리는 방법은 말씀을 주야로 묵상하는 길입니다. 그분의 말씀이 늘 내 안에 있을 때 갑작스러운 상황 가운데서도 합당한 기도가 입술로 나오게 됨을 경험하게 됩니다. 그리고 말씀대로 기도할 때 주님은 자신의 약속대로 들어 주실 수밖에 없습니다.

종교개혁자 마르틴 루터는 "오직 의인은 믿음으로 말미암아 살리라"(롬 1:17)라는 말씀을 붙잡고 기도하며 큰일을 이루었다고 합니다.

어느 집사님의 간증에 따르면, 어느 날 운동장에서 7살의 어린 딸아이가 치아교정기를 잃어버렸다고 울며 들어왔습니다. 집사님은 그때 즉시 아이의 손을 잡고 기도했습니다. "찾으라 그리하면 찾아낼 것이요 약속하신 주님! 윤이의 교정기를 찾을 수 있도록 도와주세요." 그리고 아이가 다녔다고 하는 집으로 오는 길과 운동장을 찬찬히 되짚어 살펴보았는데 분홍색 투명 자그마한 교정기가 눈에 띄었다는 것입니다. 찾은 것도 기뻤지만 기도하면 응답해 주시는 하나님을 아이와 경험하게 되어 더욱 감사했다고 했습니다.

내가 주님 안에 거하고 말씀이 내 안에 있어 기도하면 무엇이든지 이루어지는 은혜 충만한 삶을 살아 냅시다.

둘째, 삶의 선한 열매가 많습니다

"나는 참포도나무요 내 아버지는 농부라"(1절)

"나는 포도나무요 너희는 가지라 그가 내 안에, 내가 그 안에 거하면 사람이 열매를 많이 맺나니 나를 떠나서는 너희가 아무것도 할 수 없음이라"(5절)

예수님께서는 자신은 참 포도나무요 하나님은 농부라고 하셨습니다. 그리고 예수님을 영접한 우리를 나무에 붙어있는 가지라고 하십니다. 나무와 가지는 한 몸입니다. 나무와 가지는 햇볕과 비, 바람을 함께 맞으며 땅의 기름진 양분을 공유합니다. 그리고 가지는 농부가 기대하는 열매를 맺게 됩니다.

예수님으로부터 공급되는 그분의 자원들은 세상에서 얻을 수 있는 것과 비교할 수 없습니다. 사랑, 용서, 배려, 오래 참음, 지혜, 용기, 공의…성경에 기록해 주신 무궁무진한 자원들은 다 열거할 수 없습니다. 그리고 기도할 때 그 자원들을 언제 어떻게 사용할지 깨닫게 하시고 그 깊은 진리를 삶의 현장에, 적기(on time)에 적용할 수 있도록 길어 올려 주십니다. 이렇게 함으로써 예수님께 붙어 있는 가지에는 열매가 주렁주렁 열립니다.

가장 귀한 열매는 전도의 열매일 것입니다. 자나 깨나 예수님의 꿈, 잃어버린 영혼을 찾아 구원하고자 십자가에 죽기까지 하신 그 꿈에 동참하고 있기 때문입니다. 노방전도, 선교지 후원, 주일학교 교사 등 여러 사역을 자원함으로 감당하는 성도는 열매를 많이 맺습니다.

그리고 은혜가 충만한 성도는 이 땅에 하나님의 나라를 확장하고 지켜내는 열매가 있습니다. 그가 가는 곳에 다툼을 그치게 하고 평강을 선물합니다. 거짓이 팽배한 곳에 서면 용기 있게 그러나 온유하고 겸손하게 진실을 말합니다. 그리고 교회와 가정을 허무는 작은 여우를 잡는 일에 침묵하지 않고 기도와 지혜로운 행동으로 대처합니다. 그래서 하나님의 거룩한 이름을 두실 교회와 가정을 지키는 일에 헌신합니다. 이 땅에 평강과 진실과 공의가 흐르게 하는, 하나님의 나라 확장에 일조한 그의 선한 열매가 곳곳에 숨어있게 됩니다.

함께 나누기

1. 말씀을 붙잡고 기도하고 싶은 제목을 서로 나누어 봅시다.
   _____
   _____
   _____
   _____

2. 한 영혼을 구원하기 위해 열정을 다해 헌신했던 경험이 있다면 나누어 봅시다.
   _____
   _____
   _____
   _____

3. 자신에게 가장 힘이 되는 하나님의 말씀은 무엇이고 왜 그러한지 나누어 주세요.
   _____
   _____
   _____
   _____

한 주간의 기도 제목

나 _____
가정 _____
교회 _____

제29과

성령을 주시지 않겠느냐

성경: 눅 11:9-13절, 살전 5:16-23절 / 찬송: 185장

"너희가 악할지라도 좋은 것을 자식에게 줄 줄 알거든 하물며 너희 하늘 아버지께서 구하는 자에게 성령을 주시지 않겠느냐 하시니라"(눅 11:13).

예수님을 따르는 성도의 공통된 소망은 '성령 충만'입니다. 성령 충만은 곧 '은혜 충만'과 같은 말입니다. 이것은 나의 모든 일상이 예수로 충만하게 되는 삶, 벅찬 감동의 상태를 말합니다. 어떻게 하면 성령 충만에 이를 수 있을까요?

첫째, 회개라는 청소기, 용서라는 세제가 필요합니다

집에 귀한 손님을 초대했다면 우리는 먼저 청소부터 하게 됩니다. 성도라면 누구나 예수를 구주로 영접하기 직전에 그동안 하나님을 믿지 않고 살았던 기본적인 죄를 회개했던 경험이 있을 것입니다. 이것은 세례 요한으로부터 시작 된 절차였습니다. 예수보다 6개월 먼저 태어난 그는 유대 광야에서 예수가 다스릴 천국을 전파하였습니다.

"회개하라 천국이 가까이 왔느니라"(마 3:2)

예수님을 구주로 영접함으로써 새로운 존재로 중생한 성도에게는 약속대로 보혜사 성령께서 들어와 계십니다. 그러나 개인에 따라 마음 한구석 저편에 성령을 방치한 채 잊고 지내거나, 필요할 때만 찾고 평상시는 있든지 말든지 외면하고 지낼 수 있습니다. 성령이 내 전부를 주관하실 수 있도록 하려면 구석구석 회개라는 청소기로 쌓인 먼지를 제거해야 합니다. 여전히 내가 주인 노릇 하려는 생각, 습관, 세상을 향한 갈망, 미움, 원망 등 내 속에는 쌓인 지 오래된 하나님의 나라와 배치되는 죄의 먼지가 많습니다. 용서를 구하

는 회개를 통해 깨끗하게 청소해야 합니다. 청소한 분량만큼 성령께서 주관하실 영역이 넓어지는 것입니다. 충분히 회개했다고 생각해도 일상 속에서 불쑥불쑥 올라오는 불평, 두려움, 낙심, 막말, 수군수군 남의 흉보기 등 열거하기 조차 어려운 수많은 죄의 뿌리가 깊고 깊습니다. 하나님처럼 성령도 죄와 공존할 수 없는 분입니다. 그래서 나로부터 시작된 것, 세상으로부터 들어 온 죄의 먼지들을 회개의 눈물로 닦아내는 작업이 성령께서 충만하게 임하실 수 있는 환경 조성의 첫 단계입니다. 청소는 매일 하는 게 좋습니다. 회개 또한 매일매일 순간순간 미루지 않고 해야 합니다.

그리고 용서라는 세제를 주님이 사용하시듯 나도 사용해야 합니다. 주님 가르쳐 주신 기도처럼 나에게 죄 지은 자를 용서해야 합니다. 그리고 주님께 진심을 다해 회개했다면, 자신의 죄마저도 용서해야 합니다.

둘째, 인내하며 간절히 구해야 합니다.

"구하라 그러면 너희에게 주실 것이요 찾으라 그러면 찾아낼 것이요 문을 두드리라 그러면 너희에게 열릴 것이니"(눅 11:9).

"너희 중에 아버지 된 자로서 누가 아들이 생선을 달라 하는데 생선 대신에 뱀을 주며 알을 달라 하는데 전갈을 주겠느냐 너희가 악할지라도 자식에게 좋은 것으로 줄 줄 알거든 하물며 '너희 하늘 아버지'께서 구하는 자에게 성령을 주시지 않겠느냐 하시니라"(눅 11:11-13).

하나님이 우리의 하늘에 계신 아버지이십니다. 성령 충만을 간절히 구해야 합니다. 오직 성령께서 나를 온전히 주관하실 때 내 삶의 모든 것이 기쁨이 되고 감사가 될 것이기 때문입니다. 그리고 나의 일이 아니라 하나님의 일을 이루어 드릴 수 있기 때문입니다.

조용기 목사님은 성령님이 인격적인 분임을 깨닫게 된 다음부터 매일 아침과 잠들기 전 그리고 매 설교 때마다 이렇게 말했다고 합니다. "성령님 환영합니다. 성령님 인정합니다. 성령님 모셔 드립니다. 성령님 의지합니다."

세계 최대의 교회를 담임했고 전 세계를 다니며 놀라운 기적을 일으키며 수많은 영혼 구원 사역에 쓰임 받았던 그는 모든 것이 오직 성령께서 하신 것이고 자신은 그저 도구였을 뿐이라고 고백했습니다.

"볼지어다 내가 내 아버지께서 약속하신 것을 너희에게 보내리니 너희는 위로부터 능력으로 입혀질 때까지 이 성에 머물라 하시니라"(눅 24:49).

초대교회 오순절 다락방 사건은 최초로 한 장소에 모인 온 성도가 성령 충만을 경험한 사례입니다. 예수께서 승천하시며 '예루살렘에 머물며 성령을 기다리라'라고 당부하실 때 이를 들은 이들은 5백여 명이었습니다. 그러나 10여 일을 꼬박 모여 성전에서 기도하며 기다린 사람들은 120명뿐이었습니다. 끝까지 인내하고 간구한 이들이 성령 충만의 선물을 받은 것입니다.

성령 충만을 구하는 기도는 하나님께서 가장 기뻐하시는 기도제목이고, 사탄은 가장 두려워하는 기도 제목일 것입니다. 성령 충만은 예수로 충만함을 의미합니다. 예수의 마음, 예수의 통찰, 예수의 권능을 행사할 수 있기 때문에 사탄은 도저히 가늠할 수도 없고 저지할 수도 없는 백전백승의 길이기 때문입니다.

함께 나누기

1. 자신의 성령 충만, 은혜 충만했던 때의 경험을 나누어 봅시다.

   _____
   _____
   _____
   _____

2. 내 주변에서 성령 충만해 보이는 신앙인이 있다면 말씀해 보세요. 그의 어떤 점을 본받고 싶으신지요?

   _____
   _____
   _____
   _____

3. 자신의 은혜 충만을 방해하는 요인이 있다면 무엇일까요? 혹시 같은 문제가 반복 되는 것은 아닌지도 되새겨 봅시다.

   _____
   _____
   _____
   _____

한 주간의 기도 제목

나 _____
가정 _____
교회 _____

제30과

성령 충만을 유지하는 길

성경: 살전 5:16-18절 / 찬송: 429장

"항상 기뻐하라 쉬지 말고 기도하라 범사에 감사하라 이것이 그리스도 예수 안에서 너희를 향하신 하나님의 뜻이니라"(16-18절)

눈물의 회개와 인내심을 가진 간구로써 믿는 자는 일시적으로 성령 충만에 이를 수 있습니다. 그러나 이 상태가 저절로 계속 유지되는 것은 아닙니다. 성령 충만을 유지하기 위한 노력이 필요합니다. 우리 안의 죄성은 호시탐탐 죄의 해충에게 틈을 열어 주기 때문입니다. 높은 도덕성과 경륜을 갖춘 사도 바울도 다음과 같이 고백하고 있습니다.

"그러므로 내가 한 법을 깨달았노니 곧 선을 행하기 원하는 나에게 악이 함께 있는 것이로다"(롬 7:21)

항상 기뻐하며 쉬지 말고 기도하며 범사에 감사하는 삶은, 성령 충만한 그리스도인을 통해 보여 줄 수 있는 특징입니다. 또한 이 말씀대로 순종하여 사는 것은 성령 충만을 계속 유지, 보수하는 좋은 방법이라고 생각됩니다. 이러한 견해를 뒷받침할 수 있는 두 가지 사례를 아래 소개해 드립니다.

'오십쇼'라는 프로그램에서 어느 엄마의 간증은 놀라웠습니다.
첫돌을 지난 아들이 어느 날 갑자기 고열이 나더니 병원으로 가는 차 안에서 축 늘어져 심정지가 되었다고 합니다. 중환자실에 있는 아기를 위해 부부가 새벽기도를 가게 되었는데 아기는 차도가 없었지만 날마다 예배 가운데 마음의 평안을 얻게 되었고 숨지기 전 새벽에는 하늘 문이 열리고 천국에서 아기가 하나님과 걷는 모습을 환상으로 보여 주셨다고 했습니다. 그래서 그날 아침 아기를 보내면서도 부부는 눈물 없이 기쁨과 감사로 작별할 수 있었다고 했습니다.

제천의 한 목사님의 간증입니다.

어느 날 새벽 서울의 기도 모임에 가기 위해 집을 나섰는데 갓길에 여유 공간이 없는 느릅재 터널 안을 달리던 중 오른쪽 앞 타이어가 돌연 터졌습니다. 평소 훈련한 것처럼 '하나님 감사합니다. 이런 일을 통해 제게 깨닫게 하실 교훈이 있으리라 믿습니다'라고 선포했습니다. 그 순간 마음에 안정이 왔고 침착해졌습니다.

어두운 새벽이고 터널을 겨우겨우 빠져나오는 동안 타이어는 거의 마모가 되었는데 설상가상 터널 밖은 긴 고가다리로 연결되어 있어서 갓길을 찾기까지 한참을 더 가야 했습니다. 떨리는 마음을 가다듬으며 '하나님 감사합니다. 하나님 감사합니다.'만을 반복했습니다. 그리고 무사히 터널과 고가다리를 빠져나와 사고를 수습할 수 있었습니다.

견인 트럭 위에 실린 차의 터진 앞바퀴는 아예 철심이 삐져나와 너덜너덜 했습니다. 차는 공업사로 보내고 버스를 타려고 터미널에 갔는데 만석이라 좌석이 없었습니다. 왠지 모를 확신으로 혹 취소한 분 없는지 다시 한 번 창구에 확인을 부탁했는데 기적적으로 바로 그 순간 취소한 표 한 장이 떴다고 했습니다. 예정대로 기도회에 참석할 수 있었고 그 새벽에 일어난 사연을 듣게 된 모든 이들에게 큰 은혜가 되었습니다. 감사를 입술로 고백하는 순간 하늘에서는 비상벨이 울리고 천사가 급파되는 구조인 것 같습니다.

첫돌 된 아기를 잃은 부모보다 더 깊은 슬픔을 경험하기는 어려울 것입니다. 이 부부는 성령의 인도하심 대로 새벽기도의 자리로 나아갔습니다.

'쉬지 말고 기도하라'는 말씀은 매 순간 삶에서 맞닥뜨리게 될 복병이나 깊은 수렁을 피할 주님의 강한 손을 붙잡는 방법입니다. 아기를 보내면서 주님과 함께 천국에 있을 것이므로 기뻐하고 감사할 수 있었음은 사람으로서는 결코 불가능한, 성령의 일인 것입니다.

이른 새벽 터널에서 처한 위기 가운데 즉각적인 '감사합니다'라는 입술의 고백은 전능하신 하나님의 천사가 급파되는 비상벨, 이 또한 성령의 일하심이었을 것입니다.

함께 나누기

1. 내 삶에 행하신 하나님의 은혜에 감사할 제목을 두 가지 이상 기억해 봅시다.

   _____
   _____
   _____
   _____

2. 항상 기뻐하라는 말씀은 어떤 의미일까요?

   _____
   _____
   _____
   _____

3. 나는 하루에 어느 정도의 시간을 드려 기도하는지요? 쉬지 말고 기도하라는 말씀은 어떤 의미일까요?

   _____
   _____
   _____
   _____

한 주간의 기도 제목

나 _____
가정 _____
교회 _____

제31과

기도의 밧줄, 찬송의 단비로

성경: 빌 4:6-7절, 시 100:1-4절 / 찬송: 183장

"아무것도 염려하지 말고 다만 모든 일에 기도와 간구로 너희 구할 것을 감사함으로 하나님께 아뢰라 그리하면 모든 지각에 뛰어난 하나님의 평강이 그리스도 예수 안에서 너희 마음과 생각을 지키시리라"(빌 4:6-7)

고난이 깊으면 기도조차 안 나올 때가 있습니다. 우리의 심령을 상하게 하고, 얼굴빛을 어둡게 하며, 가슴에 무거운 돌덩이를 안은 채 깊은 수렁으로 빠져들게 합니다. 아무리 믿음이 크고 은혜가 넘치는 성도라도 어느 날 이러한 수렁에 빠질 수 있습니다. 그러나 우리에겐 '기도의 밧줄'이 있습니다.

사랑하는 사람을 잃었을 때, 직장에서 쫓겨나고 빚에 쪼들릴 때, 불치병을 앓고 있을 때, 홍수, 산불, 개인이 어찌할 수 없는 국가적인 재난 등 우리가 이 땅에 사는 동안 예기치 않은 수많은 복병을 만나게 됩니다. 세상에 나 홀로인 듯 외로워집니다. '하나님께서 버리셨나'라는 생각이 들 때는 원망스럽기도 합니다. 슬픔, 절망, 두려움이 몰려옵니다. 그러나 이것은 마귀의 속임수입니다. 믿는 자에게는 거기에서 나올 수 있는 튼튼한 밧줄이 있음을 잊지 말아야 합니다.

"주님! 제 곁에 계셔서 감사해요. 주님! 저를 도와주세요."

짧고 단순한 기도가 바로 그 밧줄입니다. 이 밧줄의 저편은 주님이 잡고 계십니다. '기도해도 소용없지'라는 마귀의 속삭임을 물리치고 계속해서 주님을 감사함으로 부르며 도움을 요청할 때 성령께서는 우리의 무거운 엉덩이를 밀어 올려 주십니다. 가슴의 돌덩이를 옮겨 주십니다. 한 걸음 한 걸음 밧줄을 잡고 밖을 향해 나오게 됩니다. 오직 '모든 일'에 기도와 간구로 나의 구할 것을 감사함으로 아뢰면 '모든 지각'에 뛰어나신 하나님께서 우리 마

음과 생각을 수렁에서 벗어나 반드시 평강에 이르게 하십니다(빌 4:6~7).

"온 땅이여 여호와께 즐거운 찬송을 부를지어다 기쁨으로 여호와를 섬기며 노래하면서 그의 앞에 나아갈지어다 여호와가 우리 하나님이신 줄 너희는 알지어다 그는 우리를 지으신 이요 우리는 그의 것이니 그의 백성이요 그의 기르시는 양이로다 감사함으로 그의 문에 들어가며 찬송함으로 그의 궁정에 들어가서 그에게 감사하며 그의 이름을 송축할지어다"(시 100:1~4)

예기치 않은 고난만큼이나 우리를 시험에 빠뜨리는 것이 어느 날 문득 마음과 생각을 점령해 버리는 '허무함'입니다. 이것은 특별한 사유가 있을 수도 있으나 아무 까닭 없이 밀려들기도 합니다. 마음이 메마르고 모든 것에 흥미가 없고 살아야 할 이유가 없어지는 상태입니다. 평생을 믿어온 신앙도 낙엽처럼 흔들리는 위험한 때입니다. 사탄의 속임수입니다. 졸지도 않고 쉬지도 않는 사탄은 우리의 영혼을 사냥하기 위해 온갖 술수를 씁니다. 가뭄으로 갈라진 논바닥에는 단비가 내려야 합니다. 우리 심령에 내리는 단비는 '찬송의 단비'입니다.

"가물어 메마른 땅에 단비를 내리시듯 성령의 단비 부어 새 생명 주옵소서"(찬송가 183장)

기도가 막히고 어떤 말도 할 수 없는 메마른 광야에 있게 될 때 선조들이 남겨 주신 찬송을 부르십시오. 다시 생명력을 회복시켜 줍니다. '찬송함으로 그의 궁정에 들어갑니다'(4절).

종교 개혁자 루터는 "교회 음악(찬송)은 하나님의 선물이며 영혼을 즐겁게 하고 마귀를 쫓아내며 어둠을 몰아내고 순전한 즐거움을 일깨워주며 분노와 육신의 정욕, 교만을 지나게 한다"라고 말했습니다.

우리의 믿음을 위협하는 어떠한 고난의 웅덩이, 메마른 광야를 접하게 되더라도 약속하신 말씀대로 '기도의 밧줄'과 '찬송의 단비'로 힘써 벗어나 은혜와 평강이 충만한 삶이 되시기를 축복합니다.

함께 나누기

1. 당황스러운 상황 속에서 마음속으로 주님의 도움을 급하게 요청하신 경험이 있다면 나누어 봅시다.

   _____
   _____
   _____
   _____

2. 각자 특별히 좋아하는 찬송을 소개하고 왜 좋아하게 되었는지 나누어 봅시다.

   _____
   _____
   _____
   _____

3. 힘들고 어려울 때 기도와 찬양이 위로가 된 경험이 있다면 나누어 봅시다.

   _____
   _____
   _____

한 주간의 기도 제목

나 _____
가정 _____
교회 _____

8월

◆

제32과 여호와를 찾으라

제33과 믿음의 싸움

제34과 하나님을 가까이 하라

제35과 고난을 이겨내라

제32과

여호와를 찾으라

성경: 대하 14:1-7절 / 찬송: 370장

"유다 사람에게 명하여 그 조상들의 하나님 여호와를 찾게 하며 그의 율법과 명령을 찾게 하며 그의 율법과 명령을 행하게 하고"(4절)

여러분 감당하기 어려운 큰일들 앞에서 내가 의지하던 것들이 아무런 도움이 되지 못할 때를 경험해 본적이 있습니까? 이것저것 별 도움이 되지 못하는 경우가 많습니다. 그렇기 때문에 우리는 하나님, 예수 그리스도를 생각해야 합니다. 절망적인 상황에서 힘을 얻게 되는 것은 우리의 힘의 원천이 바로 하나님이기 때문입니다.

그러나 하나님을 찾고 의지한다고 해서 단순히 '파이팅'하는 신앙의 구호가 되어서는 안 됩니다. 하나님을 의지하는 것은 실제적으로 가장 확실한 삶의 방식이 되어야 합니다.

"여호와와 그 능력을 구할지어다 그의 얼굴을 항상 구할지어다"(시 105:4).

열심히 하고 있지만 속수무책으로 하늘만 바라보아야 하는 상황이나 우리의 삶에서 어느 것 하나 쉬운 것이 없는 이때, 우리는 어떻게 해야 합니까?

첫째, 하나님을 찾는 것이 유일한 대안입니다

오늘 본문을 보면 아사 왕이 '이 모든 성읍에서 산당과 태양상을 없애고 하나님만을 구할 때 그 나라가 평안했다'고 합니다. 아사 왕 이전의 왕들은 이방신을 섬기고 우상에게 절하고 점쟁이들에게 주문을 구하기도 했지만, 아사 왕은 이 같은 일들을 하지 않고 모든 우상들을 다 불태워버렸습니다. 그뿐 아니라 백성들에게도 "이제는 너희 유다 사람들아 여호와를 구하라, 찾으라"라고 명령했습니다.

7절 말씀의 고백처럼 '우리가 하나님을 찾았을 때는 땅이 우리 앞에 있고, 우리가 주님을 찾았기 때문에 사방에 평안을 주셨다'라는 고백은 살아있는 신앙고백이며 또한 불변의 진리입니다.

우리가 하나님을 찾고 하나님을 의지하고, 말씀대로 순종하며 살 때 복이 있고, 평안이 있고, 형통하는 복이 열리는 것입니다. 가정에 평안이 오고 자녀가 잘되고, 사업과 직장에서의 일이 잘되는 것은 그냥 잘되는 것이 아닙니다. 하나님을 찾고 하나님과 가까이 할 때 하나님께서 앞길을 열어주시기 때문입니다. 하나님만을 찾는 믿음이 되시기를 바랍니다.

둘째, 어려울 때도 하나님을 의지해야 합니다

항상 하나님을 찾고 하나님을 의지해야 하는데 어디 사람들이 그렇습니까? 하나님을 찾는다면 그것은 반드시 어려움을 만났을 때일 것입니다. 그저 편하게 지낼 때는 하나님을 찾지 않다가 어려움을 만나게 되면 하나님을 찾게 되는 것이 사람의 마음일 것입니다. 그렇게 신앙이 좋던 아사 왕은 16장 이후부터 타락과 침체의 시기에 들어서게 됩니다. 하나님을 의지하지 못하고 이웃나라의 강대한 아람 왕을 의지하고 있습니다.

그 결과 병이 났습니다. 그러면 병이 나면 어떻게 해야 합니까? 하나님을 찾아야 하지 않겠습니까? 아사가 하나님을 찾지 않자 하나님을 찾도록 깨닫게 하시려고 몸을 쳤는데도 하나님을 구하지 않고 세상의 의원을 구했다고 합니다.

우리의 인생이 이와 같아서는 안 됩니다. 어려울 때에, 고난이 찾아 올 때에도 우리는 더욱 하나님을 찾아야 합니다.

오늘도 우리는 어려운 문제들을 해결하기 위해 동분서주하고 있습니다. 여러 가지 방법과 여러 사람을 통해 문제를 해결하기 위해 부단히 노력하고 있습니다.

물론 그렇게 해서 문제가 해결되는 경우가 많습니다. 그러나 하나님을 찾지 않고 그분의 도움 없이 해결된 문제는 또 다른 문제를 만들어 낸다는 것을 알아야 합니다. 그렇기 때문에 우리는 영원한 문제의 해결사이신 하나님을 찾아야 합니다. 어려움이 생기고 또 어려움이 생겨도 늘 하나님을 찾는 인내하는 믿음의 신앙을 가진 성도가 되시기를 바랍니다.

함께 나누기

1. 당신은 인생의 문제의 해결책을 세상에서 찾은 적이 있습니까?
   _____
   _____
   _____
   _____

2. 그렇다면, 그 문제들이 해결되었습니까?
   _____
   _____
   _____
   _____

3. 오늘의 말씀을 통하여 결단한 것은 무엇입니까?
   _____
   _____
   _____
   _____

한 주간의 기도 제목

나 _____
가정 _____
교회 _____

제33과

믿음의 싸움

성경: 딤전 6:11-16절 / 찬송: 331장

"믿음의 선한 싸움을 싸우라 영생을 취하라 이를 위하여 네가 부르심을 받았고 많은 증인 앞에서 선한 증언을 하였도다"(12절)

예수님을 믿는 우리들에게 매일매일 일어나는 전쟁이 있습니다. 그 전쟁은 마귀와의 싸움입니다.

마귀는 하나님 앞에서 스스로 교만하여 쫓겨난 타락한 천사로 에덴동산에서 아담과 하와를 타락시킨 이후로 끊임없이 우리의 주변을 배회하며 우리를 타락의 길, 어둠의 길, 죄악의 길로 끌고 가려는 우리의 원수입니다.

그런데 이 마귀의 공격이 참으로 다양합니다. 때로는 사자처럼 우리를 위협하기도 하고, 때로는 양의 탈을 쓰고 우리를 유혹하기도 하며, 어떤 때는 철학과 사상으로, 어떤 때는 이성과 합리주의로 도대체 종잡을 수가 없을 정도입니다. 그러나 그들의 노리는 것은 단 하나 우리를 믿음과 신앙에서 떨어지게 하려는 것입니다.

이처럼 우리의 싸움의 대상은 분명하게 정해져 있습니다. 그렇다면 이 싸움은 구체적으로 어떤 싸움일까요?

첫째, 우리의 싸움은 믿음의 싸움입니다

우리가 가진 믿음은 너무나 소중합니다. 하지만 그 소중함을 이해하지 못할 때가 있습니다. 그러나 그 믿음은 결국 우리를 천국백성 되게 하는 믿음이요, 하나님을 기쁘시게 하는 귀한 믿음입니다.

마귀는 이 믿음을 빼앗기 위해 우리에게 여러 가지 시험을 던집니다. 그러니 우리는 이 믿음의 지키기 위해 싸워야 합니다.

역사 가운데 이 믿음을 지키기 위해 애쓴 사람들은 너무나 많습니다. 다니엘은 이 믿음을 지키기 위해 사자 굴에 들어갔고, 그의 세 친구들은 풀무 불에도 들어갔습니다. 이 믿음을 지키려고 수많은 순교자를 냈고, 성도들은 저마다 삶속에서 이 믿음을 지키려고 애를 썼습니다.

이러한 노력으로 우리가 가진 믿음에는 순교자의 피가 묻어있습니다. 우리가 믿는 이 믿음은 수많은 사람들의 땀이 배어 있습니다. 이제는 내가 이 믿음을 지켜야 합니다. 전해주어야 합니다. 그렇기에 우리에게 늘 믿음의 싸움이 있음을 깨닫기를 바랍니다.

둘째, 우리의 믿음의 싸움은 선한 싸움입니다

왜 믿음의 싸움은 선한 싸움입니까?

어떤 의미에서 선한 싸움이란 존재하지 않습니다. 먼저 공격을 하든지 방어를 하든지 그 싸움 자체에 어찌 선한 것이 있겠습니까? 반드시 싸움을 통해서 피해가 나타나고 고통 받는 사람들이 나타납니다. 하지만 믿음의 싸움은 남과 다툼의 싸움이 아닌 나 자신과의 싸움, 즉 죄와의 싸움입니다. 어둠의 악한 영들과의 싸움입니다. 우선 선한 싸움을 잘하면 내가 믿음의 사람이 되어 믿음의 승리자가 됩니다. 또한 다른 사람에게도 선한 영향력을 미쳐 다른 사람도 믿음의 싸움에서 이기게 도와줍니다.

결국에는 믿음의 싸움은 영생을 가져오고 더 나아가서 많은 사람들을 영생으로 인도합니다. 그렇기에 우리는 육적인 싸움은 안 할수록 유익하지만, 믿음의 싸움은 꼭 해야 할 선한 싸움입니다. 다른 싸움은 지더라도 믿음의 선한 싸움은 반드시 승리할 수 있기를 바랍니다.

셋째, 우리 믿음의 선한 싸움은 주님 오실 때까지 해야 합니다

"우리 주 예수 그리스도께서 나타나실 때까지 흠도 없고 책망 받을 것도 없이 이 명령을 지키라"(14절)

믿음의 선한 싸움은 주님 오실 때까지 해야 합니다. 주님이 오시면 이제 그 싸움은 필요 없습니다. 주님께서 직접 그 악한 영들을 지옥에 던져 버릴 것이기 때문입니다. 그러니 믿음의 선한 싸움은 지금 해야 합니다.

성령님께서는 우리가 이렇게 힘든 싸움을 하는 것을 아시고 우리의 연약함을 도우시며, 말할 수 없는 탄식으로 우리를 위하여 간구하신다고 하였습니다. 그리고 "내가 세상 끝 날까지 너희와 항상 함께 있으리라"(마28:29)라고 말씀하셨습니다. 또한 에베소서 6장에 보면 마귀와 싸울 수 있도록 전신갑주를 입히신다고 말씀하십니다. 그러니 우리가 악한 영들과 싸워도 나 혼자 싸우는 것이 아닙니다. 하나님이 함께 싸워주십니다. 하나님이 도와주십니다. 이기게 해 주십니다.

그러니 마지막 주님 오실 때까지, 내가 살아 있는 날까지 악한 영들과 싸우고 죄와 싸워야 합니다. 그럴 때 우리에게 많은 상급이 주어지고 영광이 주어질 것입니다. 주님 오실 때까지 믿음의 선한 싸움하는 것을 두려워 마시기를 바랍니다.

함께 나누기

1. 당신은 날마다 믿음을 지키기 위해 애씁니까?
   _____
   _____
   _____
   _____
   _____

2. 믿음을 지키기 위해 왜 선한 싸움을 해야 합니까?
   _____
   _____
   _____
   _____
   _____

3. 오늘의 말씀을 통하여 결단한 것은 무엇입니까?
   _____
   _____
   _____
   _____
   _____

한 주간의 기도 제목

나 _____
가정 _____
교회 _____

제34과

하나님을 가까이 하라

성경: 약 4:8-10절 / 찬송: 302장

"하나님을 가까이하라 그리하면 너희를 가까이하시리라 죄인들아 손을 깨끗이 하라 두 마음을 품은 자들아 마음을 성결하게 하라"(8절)

사람은 누구를 가까이 하느냐에 따라서 성패가 좌우되고 인생의 결과가 판이하게 달라집니다. 사람 중에도 가까이 해야 할 사람이 있고, 멀리 해야 할 사람이 있습니다. 성도인 우리는 무엇을 가까이 해야 합니까? 성경은 우리에게 하나님을 가까이 하라고 말씀합니다.

그렇다면 우리는 하나님을 왜 가까이 해야 하는 것일까요?

첫째, 하나님은 목자요 우리는 그의 양이기 때문입니다

"여호와가 우리 하나님이신 줄 너희는 알지어다 그는 우리를 지으신 이요 우리는 그의 것이니 그의 백성이요 기르시는 양이로다"(시 100:3).

하나님과 우리는 목자와 양의 관계입니다. 또 예수님께서도 자신을 선한 목자라 하셨고, 우리를 양이라고 하셨습니다. 목자와 양은 떼려야 뗄 수 없는 관계입니다. 양은 목자 없이 스스로 살아갈 수 없습니다. 그렇기에 양인 우리는 목자 되신 하나님을 가까이 해야 합니다.

둘째, 하나님은 신랑이요 우리는 신부이기 때문입니다

"그 때에 천국은 마치 등을 들고 신랑을 맞으러 나간 열 처녀와 같다 하리니"(마 25:1)

이 땅의 모든 성도들은 신랑 되신 예수님을 맞이하는 신부와 같습니다. 신부의 모든 관심사는 바로 신랑입니다. 신랑이 최고입니다. 결혼을 앞둔 신부가 신랑 생각을 하지 않으면 그것은 불행한 일입니다.

하나님을 가까이 하라는 것은 바로 이 때문입니다. 불행을 멀리 하고 신부 된 성도로서의 본분을 지키면서 하나님을 통하여 인생의 행복을 지켜야 합니다.

셋째, 하나님은 포도나무요 우리는 가지이기 때문입니다

"나는 포도나무요 너희는 가지니, 저가 내 안에 내가 저 안에 있으면 이 사람은 과실을 많이 맺나니, 나를 떠나서는 너희가 아무것도 할 수 없음이라"(요 15:5).

주님은 포도나무요 우리는 가지입니다. 가지가 나무에 붙어 있지 아니하면 말라 비틀어져 밖에 버리어지고 불에 태워지듯이, 우리는 주님께 붙어 있지 아니하면 아무것도 할 수 없을 뿐만 아니라 말라 비틀어져 죽을 수밖에 없는 그런 존재입니다. 이처럼 성도는 주님을 가까이 해야 행복이 있고 참된 평화가 있습니다. 거기에 생명이 있습니다. 그렇다면 하나님을 가까이 하려면 어떻게 해야 합니까?

우선, 하나님을 찾아야 합니다. 하나님은 너희가 전심으로 나를 찾고 찾으면 만나리라 말씀하셨습니다. 더 나아가 나를 사랑하는 자들이 나의 사랑을 입으며 나를 간절히 찾는 자가 만날 것이라고 말씀하셨습니다.

이어서 하나님을 불러야 합니다. 하나님은 우리가 부를 때에 응답하시는 분입니다. '여호와여 내게 응답하소서'하면서 간절히 부르짖는 엘리야의 기도를 들으시고 불로서 응답해 주셨습니다. 또 이사야를 통해서 부를 때에 나 여호와가 응답하겠고, 네가 부르짖을 때에 말하기를 여기 있다 하리라고 약속해 주셨습니다.

그러므로 말씀의 약속을 따라 믿음으로 사는 성도는 인내하며 하나님을 부를 줄 알아야 합니다.

마지막으로 겸손해야 합니다

"주 앞에서 낮추라 그리하면 주께서 너희를 높이시리라"(10절)

교만하면 하나님을 가까이 할 수 없습니다. 하나님은 교만한 자는 대적하시고 겸손한 자들에게는 은혜를 주십니다. 그래서 주님은 세상에 오실 때 겸손하여 나귀 새끼를 타셨고, 제자들의 발을 씻기셨습니다. 교만과 겸손은 하나님과 사단처럼 조화를 이룰 수 없습니다.

오직, 하나님, 오직 주님만 가까이 하기를 바라며 하나님을 찾고, 부르며, 겸손한 자는 복이 있습니다. 하나님과 가까이 함이 이 땅에서 하늘의 것을 바라보는 소망을 주고 인내하게 하는 줄로 믿으시길 바랍니다.

함께 나누기

1. 당신은 하나님과 가까이 하고 있습니까?
   _____
   _____
   _____
   _____
   _____

2. 당신은 하나님과 왜 가까이 해야 합니까?
   _____
   _____
   _____
   _____
   _____

3. 오늘의 말씀을 통하여 결단한 것은 무엇입니까?
   _____
   _____
   _____
   _____
   _____

한 주간의 기도 제목

나 _____
가정 _____
교회 _____

제35과

고난을 이겨내라

성경: 마 14:22-33절 / 찬송: 337장

"예수께서 즉시 손을 내밀어 그를 붙잡으시며 이르시되 믿음이 작은 자여 왜 의심하였느냐 하시고"(31절)

내 뜻대로, 내 맘대로 세상을 살아간다면 얼마나 좋겠습니까? 그런데 그렇게 사는 사람이 이 세상에 있을까요? 아무도 없을 것입니다. 그렇습니다. 세상에 안 되는 것이 너무 많습니다. 내 맘대로 안 되는 것이 많으면 나타나는 현상이 있는데, 그것은 그로 인하여 위축되고 슬퍼지는 것입니다. 그리고 위축과 슬픔이 커지면 그것을 고난으로 여깁니다.

그리스도인도 마찬가지입니다. 고난을 안고 살아갑니다. 하지만 그리스도인의 고난은 세상의 고난과 다릅니다. 왜냐하면 우리 주님께서 우리의 고난에 동참하시기 때문입니다.

제자들이 배를 타고 가다 풍랑을 만나 고난을 당합니다. 그때 예수님께서 바다 위로 걸어서 제자들에게 오십니다. 이 말씀이 우리에게 주는 의미가 무엇입니까? 예수님께서는 우리의 고난을 그냥 보고 계시지 않으신다는 것입니다. 그렇다면 고난을 이겨내는 방법은 무엇이겠습니까?

첫째, 기도해야 합니다

고난 중에 우리는 기도해야 합니다. 입술을 열어야 합니다. 입을 열어 하나님께 말씀을 드려야 합니다. 때론 소리쳐 주님을 불러야 합니다. 가만히 주님께서 하시는 일을 조용히 잠잠히 바라보아야 할까요? 그것도 기도한 다음에 그렇게 하는 것입니다. 기도한 사람들만이 기도를 다 한 후에, 가만히 하나님의 능력을 기다릴 수 있습니다.

예수님께서 물 위를 걸어오시니 제자들이 유령인 줄 알고 놀라 소리를 지릅니다. 그러자 예수님은 "안심하라 나니 두려워하지 말라"(27절)라고 말씀하십니다.

그때, 베드로가 입을 열어 말합니다.
"주여 만일 주님이시거든 나를 명하사 물 위로 오라 하소서"(28절)

이때, 예수님께서 베드로에게 물 위를 걸을 수 있는 특권을 주십니다. 마찬가지로 기도하는 자에게 주님은 당신과 같은 일을 할 수 있는 특권을 주십니다. 기도하는 자에게 풍랑을 밟을 수 있는 능력을 주십니다. 모든 고난과 고통들은 피할 수 없습니다. 피해서 해결되지 않습니다.

기도하는 자에게 예수님은 인생의 고난과 고통을 밟고 갈 수 있는 능력을 주심을 믿고 베드로처럼 인생의 풍랑을 밟고 갈 수 있기를 바랍니다.

둘째, 물 위를 걸어야 합니다

기도만 하면 모든 것이 끝일까요? 베드로는 예수님의 허락이 떨어지자마자 바로 배에서 물 위로 뛰어내립니다. 마찬가지입니다. 기도마다 확신이 오는 때는 다르지만, 응답이 떨어질 때까지 기도해야 합니다. 그리고 확신, 즉 주님의 허락이 떨어지면 뛰어내려야 합니다. 움직여야 합니다. 행동해야 합니다. 기도의 확신이 왔다고 가만히 앉아 있으면 안 됩니다.

기도만 하고 자기의 울타리에 웅크리고 있으면 안 됩니다. 풍랑이 일 때 배 안이 안전하다고 생각하고, 웅크리고 있으면, 배와 함께 깨어집니다. 안전한 곳은 주님의 품입니다.

혹여나 실수하더라도 움직여야 합니다. 가다가 빠지더라도 뛰어내려야 합니다. 빠지면 어떡하나 염려할 필요 없습니다. 예수님이 계시기 때문입니다.

그렇기에 고난을 이기는 자는 믿음의 확신 속에 움직이는 자입니다. 예수님의 음성을 듣고 베드로가 물 위로 뛰어내린 것처럼, 기도의 확신을 가지고 움직이는 자가 되기를 바랍니다.

셋째, 내 일이지만, 그 일을 이루시는 분은 하나님이심을 기억해야 합니다

베드로가 물 위를 걷습니다. 주님이 물 위를 걷는 것이 아닙니다. 분명히 내가 물 위를 걷고 있는 것입니다. 하지만 내가 물 위를 걷는 그 순간에도 주체는 주님이십니다.

예수님께서 오라고 허락하지 않으셨으면, 나는 절대 물 위를 걸을 수 없기 때문입니다. 수천 번을 뛰어내려도 허락하시지 않으면 절대로 물 위를 걸을 수 없습니다. 그렇기에 내가 걷는다고 생각하는 순간, 바로 빠집니다. 베드로가 물 위를 잘 걷다가 빠진 이유가 거기 있습니다. 주님이 주체이시기에 시선을 주님께 고정시켜야 합니다. 그럴 때 풍랑보다 크신 분이 주님이시기에 절대 빠질 수가 없습니다. 이것이야말로 고난을 이기는 자의 시선입니다. 기억해야 할 것을 기억하여 고난을 이겨내는 인내의 믿음이 있기를 바랍니다.

함께 나누기

1. 당신의 고난은 무엇입니까?
   _____
   _____
   _____
   _____
   _____

2. 주어진 고난에 대하여 어떻게 대처했습니까?
   _____
   _____
   _____
   _____
   _____

3. 오늘의 말씀을 통하여 결단한 것은 무엇입니까?
   _____
   _____
   _____
   _____

한 주간의 기도 제목

나 _____
가정 _____
교회 _____

9월

◆

제36과 행복자의 기도

제37과 기도의 열매를 맺어라

제38과 기도는

제39과 기도의 네 기둥

제36과

행복자의 기도

성경: 시 8:1-9절 / 찬송: 364장

"사람이 무엇이기에 주께서 그를 생각하시며 인자가 무엇이기에 주께서 그를 돌보시나이까"(4절)

시편 8편은 다윗이 지은 찬양 시이며, 이 세상에서 가장 행복한 자의 외침이라고 말할 수 있습니다. 다윗은 행복하게 사는 비결을 잘 알고 있었던 사람인 것 같습니다. 도대체 무엇이 다윗을 행복의 자리까지, 그리고 행복자로 이끌 수 있었을까요?

다윗의 기도를 통하여 이제는 다윗과 같은 행복자의 기도를 드리기를 사모하는 심령이 되시기를 바랍니다.

첫째, 다윗은 하나님께서 지으신 온 땅의 아름다움을 바라보며 기도를 합니다

다윗은 참으로 바쁜 인생을 살았습니다. 어려서는 양을 칩니다. 양치는 것, 보통 일이 아닙니다. 그저 풀 찾아 물 찾아 양떼를 몰고 다니면 다 되는 줄 알면 오산입니다. 한두 마리가 아닌 떼로 양을 몰고 다니려면 잔일이 얼마나 많은지 모릅니다. 그러다가 정치에 입문합니다. 그러나 얼마 안 있어 사울에게 쫓겨 다니기 시작합니다. 쫓기는 삶, 얼마나 피곤합니까? 그리고 왕이 됩니다. 왕이라는 직무도 신경 써야 할 것이 한두 가지가 아닙니다.

그럼에도 다윗은 늘 주변의 하나님의 창조물들을 바라보면서 하나님과 이야기를 나누는 삶을 자신의 가장 큰 기쁨으로, 즐거움으로, 중요한 일로 생각합니다. 시편 8편이 그 대표적인 시입니다.

온 땅을 바라보고 그 아름다움을 바라보면서 이 아름다운 세계를 지으신 하나님의 이름의 아름다움을 말합니다. 하늘을 보며 그 하늘을 지으신 하나님의 손가락을 기억합니다. 달과 별들을 보면서도, 모든 소와 양과 들짐승들을 보면서도, 공중의 새와 바다의 물고기와 바닷길에 다니는 모든 것들을 바라볼 때마다 다윗은 그 안의 하나님의 손길을 기억하며 하나님과 중심이 통하는 대화를 나눕니다.

그렇기에 다윗은 행복합니다. 행복할 수밖에 없습니다. 그렇습니다. 하나님께서 지으신 온 땅의 아름다움을 바라보면서 하나님의 손길을 발견하며 기도할 수 있는 사람은 행복한 사람입니다.

여러분의 기도에는 어떤 내용이 담겨있습니까? 이제는 하나님의 손길이 가득한 온 땅의 아름다움을 바라보며 기도할 수 있는 행복자가 되시기를 바랍니다.

둘째, 다윗은 하나님의 모든 창조물이 자신을 위한 것임을 알고 감격하며 감사기도를 합니다

다윗은 하늘과 달과 별들을 만드신 하나님을 생각하며 이렇게 고백합니다.

"사람이 무엇이기에 주께서 그를 생각하시며 인자가 무엇이기에 주께서 그를 돌보시나이까"(4절).

하늘을 만드신 하나님께서 자신을 생각하셨다는 것입니다. 그러니 저 하늘은 자신을 위해 하나님께서 만드신 정원이라고 생각하는 것입니다. 그리고 해와 달과 별들은 그 정원을 빛내는 장식물로 생각하는 것입니다. 다윗은 이 놀라운 사실을 알기에 하나님의 모든 창조물을 보면서 행복자로서 감격하며 감사기도를 드리는 것입니다.

이제는 다윗과 같은 고백이 있길 바랍니다. 지금 내 앞에 있는 꽃 한 송이가 우연히 내 앞에 있는 것이 아닙니다. 하나님께서 나에게 기쁨을 주시려고 봄부터 햇빛과 공기를 주시면서 농부의 손에서 그 꽃을 키우시고, 중간 유통의 과정을 거쳐 내 앞에 가져다 놓으신 것입니다. 그렇기에 다윗만 행복한 것이 아닙니다. 다윗만 행복자로 기도할 수 있는 것이 아닙니다. 나도 할 수 있습니다. 내 주변의 사소한 것들 속에서 하나님의 손길을 느끼며 만유의 주재이신 우리의 아버지와 대화하는 삶 속에 행복이 있습니다.

그리고 온 우주 안에 있는 만물이 하나님의 아들이요 딸인 바로 나를 위해 존재한다는 엄연한 사실 속에서 감사의 기도로 살아가는 것이 행복입니다. 이 행복을 소유하고 앞으로 행복자의 기도가 여러분들의 삶에 늘 있기를 바랍니다.

함께 나누기

1. 하나님이 지으신 온 땅의 아름다움을 기도로 적어봅시다.

   _____
   _____
   _____
   _____
   _____

2. 하나님이 나를 위하여 하신 일들을 기도로 적어봅시다.

   _____
   _____
   _____
   _____
   _____

3. 오늘의 말씀을 통하여 결단한 것은 무엇입니까?

   _____
   _____
   _____
   _____

한 주간의 기도 제목

나 _____
가정 _____
교회 _____

제37과

기도의 열매를 맺어라

성경: 엡 6:18절 / 찬송: 191장

"모든 기도와 간구를 하되 항상 성령 안에서 기도하고 이를 위하여 깨어 구하기를 항상 힘쓰며 여러 성도를 위하여 구하라"(18절)

우리는 수많은 죄의 영향력 아래에 살고 있습니다. 특히 남을 미워하고 시기하며 편을 나누며 서로 싸우는 일에 이골이 났습니다. 그래서 가정이 분열되고, 삶이 파괴되며, 나라가 어려움에 처했습니다.

그렇다면, 이런 죄로 찌들어 있는 상황에서 그리스도인은 어떻게 대처해야 할까요? 어떻게 하면 죄라는 파도에 휩쓸리지 않고 그리스도인으로서 풍성한 열매를 맺을 수 있겠습니까?

첫째, 항상 성령 안에서 기도해야 합니다

마귀의 간계는 믿는 자를 대적합니다. 그렇기에 마귀를 대적하여 이기기 위해서는 우리에게 마귀를 대적할 만한 무기가 있어야 합니다. 그 무기는 인간의 것으로는 안 됩니다. 오직 하나님이 주신 무기만이 마귀를 대적할 수 있습니다. 그 무기가 바로 항상 성령 안에서 기도하는 것입니다. 타락한 인간이 사는 세상에 어떻게 문제가 없을 수 있겠습니까? 이 문제를 해결했다 싶으면 저 문제가 생기고, 저 문제를 해결했다 싶으면 또 다른 문제가 터지는 게 인생사입니다.

항상 기도하라는 것이 바로 이것 때문입니다. 그리고 항상 닥치는 문제에 대항할 수 있는 영적인 힘이 기도에 있기 때문입니다.

조그만 문제만 만나도 신앙이 들썩들썩 흔들리는 사람들이 있습니다. 믿음도, 말씀도, 다 팽개치고 옛사람으로 되돌아가 버립니다. 왜 그렇습니까? 경건의 훈련, 곧 기도훈련이 되어 있지 않기 때문입니다. 항상 성령 안에서 기도하지 않기 때문입니다.

성도는 기도훈련이 잘 되어 있어야 합니다. 성령의 감동하심과 도우심을 받으면서 늘 쉬지 않고 기도하는 경건의 훈련이 잘 되어 있는 성도만이 죄의 영향력 아래에 오염되지 않을 수 있습니다. 그렇기에 항상 성령 안에서 기도하기를 힘쓰시길 바랍니다.

둘째, 깨어 구하기를 항상 힘써야 합니다

'깨어 구한다'라는 것은 집중해서 열심히 드리는 기도를 말합니다. 자기의 모든 능력 그러니까 관심, 생각, 시간, 체력 등을 아낌없이 기도에 쏟아 붓는 것을 말합니다. 이런 기도를 드릴 때 성도는 열매를 얻게 됩니다.

예수님께서 겟세마네 동산에서 기도하시는 것은 깨어 기도한 좋은 표본이라 할 수 있습니다. 그때 주님은 떨어지는 땀방울이 핏방울같이 되기까지 온 힘을 다하여 기도하셨습니다. 그때의 기도를 성경은 이렇게 적어 놓았습니다.

"예수께서 힘쓰고 애써 더욱 간절히 기도하시니 땀이 땅에 떨어지는 핏방울 같이 되더라"(눅 22:44).

예수님은 이렇게 기도하시면서 간간히 잠든 제자들에게 "깨어 있어 기도하라"라고 말씀하셨습니다. 그렇기에 깨어 기도한다는 것은 결국 예수님처럼 온 힘을 다하여 힘쓰고 애써 간절히 기도하는 것이 깨어 기도하는 것입니다.

꾸준히 깨어 기도하시기 바랍니다. 온 힘을 다하여 기도하시기 바랍니다. 힘쓰고, 애쓰고, 간절하게 기도하여 열매로 결실을 거두기를 바랍니다.

셋째, 남을 위해서 기도해야 합니다

유대인의 격언에 기도는 다른 사람들과 하나가 되게 해준다는 말이 있습니다. 다른 사람을 위해 기도할 때 진심으로 이해하고 사랑하는 마음이 생기기 때문입니다. 그러니 어찌 열매가 없겠습니까? 사랑의 열매, 용서의 열매, 화목의 열매, 기쁨의 열매 등등 많은 것을 얻을 수 있도록 하나님이 역사하실 것입니다. 그렇기에 이제는 내 문제만 놓고 기도하지 말고 다른 사람을 위한 기도에 많은 배려를 하십시오. 무슨 문제가 있는지 관심을 갖고 살펴 기도해 주는 따듯한 마음에 하나님이 은혜를 더하여 주실 것입니다.

함께 나누기

1. 당신이 원하는 기도의 열매는 무엇입니까?
   _____
   _____
   _____
   _____

2. 주님이 원하는 기도의 열매는 무엇입니까?
   _____
   _____
   _____
   _____

3. 오늘의 말씀을 통하여 결단한 것은 무엇입니까?
   _____
   _____
   _____
   _____

한 주간의 기도 제목

나 _____
가정 _____
교회 _____

제38과

기도는

성경: 시 116:1-14절 / 찬송: 214장

"여호와께서 내 음성과 내 간구를 들으시므로 내가 그를 사랑하는도다"(1절)

예수님의 말씀 중에 기도에 대한 말씀이 많습니다. 누가복음 18장에서 예수님은 항상 기도하고 낙심하지 말아야 하는 이유를 '하나님을 두려워하지 않고 사람을 무시하는 재판장과 끈질기게 청하는 과부의 이야기'를 비유로 말씀하셨습니다. 성도라면 항상 이렇게 기도해야만 합니다.

중요한 것은 기도를 받는 대상이 있느냐 없느냐가 중요합니다. 기독교는 우리의 기도를 받으시는 분이 분명하게 있습니다. 오늘 본문 1절에서부터 그 이야기를 합니다.

"여호와께서 내 음성과 내 간구를 들으시므로"(1절)

기도를 듣는 대상이 없으면 아무리 화려한 기도를 해도, 아무리 정성을 들여도, 아무리 많은 제물을 갖다 놓고 기도해도 아무런 소용이 없습니다. 그래서 우리는 기도를 받으시는 분이 계심을 알고 기도하는 방법도 달라야 합니다. 그러면 어떤 면에서 달라야 할까요?

첫째, 기도는 호흡입니다

신앙생활을 하는 사람이 신앙생활을 제대로 하는지, 믿음이 살아 있는지 죽었는지를 알려면 무엇으로 알 수 있습니까? 예수님은 열매로 안다고 하셨는데, 그 열매를 맺으려면 기도가 있어야 합니다.

기도하면 영적으로 살아 있는 사람이고, 기도하지 않으면 영적으로 죽어 있는 사람입니다. 기도는 우리 그리스도인에게 생명과 같습니다. 사도 바울은 쉬지 말고 기도하라고 했는데 인간이 호흡을 하지 않으면 죽는 것처럼, 신앙도 기도하지 않으면 죽기 때문에 쉬지 말고 기도하라고 하신 것입니다.

3절에서 시인은 사망의 줄이 나를 두르고 스올의 고통이 이르는 죽음의 위기가 닥쳤을 때 다른 것을 하지 않았습니다. 하나님께 기도드렸습니다.

"내가 여호와의 이름으로 기도하기를 여호와여 주께 구하오니 내 영혼을 건지소서"(4절)

이처럼 그리스도인이 이 세상에서 힘들 때, 고난당할 때, 믿음이 흔들릴 때 위를 볼 수 있는 숨구멍이 바로 기도입니다. 기도할 때 하나님께서 우리의 문제를 들어주시기 때문입니다. 그러니 이제는 기도는 호흡임을 기억하며 쉬지 말고 기도하시기를 바랍니다.

둘째, 기도는 힘입니다

"내게 주신 모든 은혜를 내가 여호와께 무엇으로 보답할까"(12절)

저자가 누구인지는 모르지만 저자는 자신에게 주신 은혜를 보답하기를 원합니다. 은혜 받았으니 보답하는 것은 당연합니다. 그런데 사실은 그렇지 못합니다. 나의 모든 것을 아낌없이 드릴 수 있어야 합니다만 그렇지 못한 경우가 많습니다. 어떤 분들은 정말 자신의 재물과 생명까지도 아낌없이 드리는 분들이 있습니다. 어떤 차이가 있는 것입니까?

그 차이는 바로 기도입니다. 기도할 때 헌신할 수 있는 힘을 주십니다. 기도하지 않는 사람은 하지 못합니다. 많은 것을 갖고 있어도 기도하지 않는 사람은 하지 못합니다. 그런데, 아무것도 없어도 아무 힘이 없어도 기도하는 사람은 하게 됩니다. 기도할 때 하나님께서 할 수 있는 힘도 능력도 주시기 때문입니다.

그러니 기도해야 합니다. 기도는 영적인 힘입니다. 그리하여 내게 주신 모든 은혜를 보답할 수 있는 힘 있는 성도가 되시기를 바랍니다.

셋째, 기도는 하나님의 은혜에 감사하는 것입니다

기도는 다양하게 시작할 수 있습니다. 한 마디 말도 없이 울면서 시작할 수 있습니다. 원망하며 기도할 수 있습니다. 불평과 짜증을 내면서 기도할 수 있습니다. 그러나 어떻게 시작하든지 기도는 감사로 이어져야 합니다. 이것이 은혜 받은 자의 기도입니다.

기도하다보면 하나님께서 은혜를 주셔서 결국은 감사하게 되어 있습니다. 응답하시는 하나님께 평생 기도하겠다고 고백한 저자는 내게 주신 모든 은혜를 무엇으로 보답할까라고 고백합니다.

하나님께서 주신 은혜를 인간이 무엇으로 보답할 수 있겠습니까? 하나님의 은혜를 인간의 것으로 갚는 것은 불가능합니다. 그렇기에 감사할 수밖에 없는 것입니다. 그런데 감사는 기도할 때 더 충만해집니다. 기도할 때 감사의 마음이 뚜렷해집니다. 이제는 기도를 통하여 하나님의 은혜를 깨닫고 감사할 수 있길 바랍니다.

함께 나누기

1. 당신에게 기도는 무엇입니까?
   _____
   _____
   _____
   _____
   _____

2. 당신의 기도는 지금까지 어떤 모습이었습니까?
   _____
   _____
   _____
   _____
   _____

3. 오늘의 말씀을 통하여 결단한 것은 무엇입니까?
   _____
   _____
   _____
   _____

한 주간의 기도 제목

나 _____
가정 _____
교회 _____

제39과

기도의 네 기둥

성경: 마 6:9-15절 / 찬송: 15장

"그러므로 너희는 이렇게 기도하라 하늘에 계신 우리 아버지여 이름이 거룩히 여김을 받으시오며"(9절)

기도는 사람이 아닌 주님께 배우는 것입니다. 주님은 우리에게 "너희는 이렇게 기도하라"라고 말씀하십니다. 그리고 기도의 모범을 알려주셨습니다. 우리는 이 기도를 '주님께서 가르쳐 주신 기도'라고 해서 '주기도문'이라고 부릅니다. 그렇기에 주기도문은 모든 기도의 기초가 됨을 잊지 말아야 합니다.

주기도문은 크게 네 대목으로 나눌 수 있습니다. 이 네 가지를 통하여 기도의 네 기둥으로 세울 수 있기를 바랍니다.

첫째, 하나님의 영광을 위해 기도해야 합니다

주기도문의 첫 번째 대목은 하나님과 그 나라에 관한 기도입니다. 하나님의 이름이 거룩히 여김을 받으시고, 그 나라가 임하시고, 뜻이 하늘에서 이루어진 것 같이 땅에서도 이루어지기를 기도해야 합니다. 이것이 우리의 기도의 최우선 기도제목입니다.

이 말은 우리의 기도가 철저하게 하나님 중심의 기도여야 한다는 것을 말씀합니다. 우리는 기도할 때에 하나님에 대한 찬양보다 자신을 위한 기도에 더 많은 무게 중심을 둡니다. 그러나 주기도문을 잘 살펴보면 하나님에 관한 기도 제목은 세 구절인데 비해 우리의 필요를 구하기 위한 구절은 "일용할 양식을 주옵시고"라는 딱 한 구절로 요약이 됩니다.

그만큼 우리의 기도가 시간의 분량으로나 정성의 깊이에 있어서나 하나님

중심, 즉 하나님의 영광을 위한 기도가 제일 우선임을 기억하길 바랍니다.

둘째, 우리의 필요를 위해 기도해야 합니다

주님은 두 번째 기도제목으로 '필요한 일용할 양식을 구하라'라고 일러주셨습니다. 분명한 것은 우리는 일용할 양식을 구해야 합니다. 일용할 양식은 우리가 살아가는 데에 필요한 모든 것을 의미합니다.

그러면 주님은 왜 우리에게 일용할 양식을 구하라고 하셨습니까? 하나님은 한 번에 일 년 먹을 양식을 한꺼번에 주시지 않습니다. 하나님은 하루의 삶에 필요한 양식만을 주십니다.

하나님께서 이렇게 하신 것은 우리의 유익을 위함입니다. 우리로 하루하루 살아가는 것이 하나님께 달려 있음을 깨닫게 하시고 또한 매일 그 날에 필요한 양식을 주시면서 내일도 하나님께서 채워주실 것을 신뢰하게 하시려는 것입니다. 그러므로 우리는 날마다 그 날의 양식을 구하고 주시는 것에 만족하고 감사할 수 있어야 할 줄로 믿으시길 바랍니다.

셋째, 죄를 사하여 주시기를 위해 기도해야 합니다

주님은 세 번째 기도제목으로 '우리가 우리에게 죄 지은 자를 사하여 준 것 같이 우리 죄를 사하여 주옵시고'라고 기도하라고 말씀하십니다. 이것은 우리가 다른 사람의 죄를 사해주지 않으면 용서받을 수 없다는 뜻이 아닙니다. 만약 남을 용서한 사람만이 하나님의 용서를 받는다면 하나님의 용서는 은혜가 될 수 없습니다.

그렇다면 이 구절의 참된 의미가 무엇입니까? '하나님 저의 죄를 용서해 주옵소서. 저도 저에게 빚진 자들을 용서하겠나이다'라는 뜻입니다. 먼저 하나님께 용서를 구하고 나서, 우리도 용서받은 마음으로 남을 용서하겠다는 다짐의 기도입니다.

용서하지 못하는 사람은 사랑할 수 없습니다. 남을 용서하는 기도는 "내가 너희를 사랑한 것 같이 너희도 서로 사랑하라"(요 15:12)라고 하신 주님의 새 계명을 실천하는 중요한 기초가 됩니다. 이제 우리의 기도에 용서가 있기를 바랍니다.

넷째, 영적 싸움의 승리를 위해 기도해야 합니다

"우리를 시험에 들게 하지 마옵시고 다만 악에서 구하옵소서"(13절).

우리는 예수 그리스도를 믿음으로 사탄의 통치에서 벗어나서 하나님의 통치를 받는 하나님 나라의 백성이 되었습니다. 그러나 우리는 하나님 나라가 완성될 때까지 여전히 사탄의 유혹에 노출되어 있습니다. 그렇기 때문에 영적 전쟁에서 승리하기 위해서는 우리 대적에 대해서 잘 알고 있어야 합니다.

사탄의 특징은 강하고 사악하고 교활합니다. 우리를 악에 빠뜨리기 위해 늘 우리를 시험하고 죄의 미끼를 가져다 놓습니다. 이러한 사탄의 유혹은 우리의 힘만으로는 효과적으로 대항할 수 없습니다.

그러므로 우리가 사탄의 유혹을 극복하고 하나님께 순종하려면 성령의 도우심이 필요합니다. 그래서 우리가 항상 깨어 있으면서 하나님께 사탄의 유혹에 빠지지 않게 해달라고 기도하기를 바랍니다.

함께 나누기

1. 당신에게 기도는 무엇입니까?
   _____
   _____
   _____
   _____
   _____

2. 당신의 기도는 지금까지 어떤 모습이었습니까?
   _____
   _____
   _____
   _____
   _____

3. 오늘의 말씀을 통하여 결단한 것은 무엇입니까?
   _____
   _____
   _____
   _____

한 주간의 기도 제목

나 _____
가정 _____
교회 _____

10월

◆

제40과 증인의 사명

제41과 막을 수 없는 증인

제42과 목숨을 바치는 증인

제43과 땅 끝까지 이르는 증인

제44과 하나님이 함께 하시는 증인

제40과

증인의 사명

성경: 눅 24:48절 / 찬송: 495장

"너희는 이 모든 일에 증인이라"(48절)

예수님께서 십자가에서 죽으시고 부활하셔서 다시 열한 제자에게 나타나셨습니다.

첫째, 예수님은 제자들에게 증인이라는 사명을 주셨습니다

"또 이르시되 내가 너희와 함께 있을 때에 너희에게 말한 바 곧 모세의 율법과 선지자의 글과 시편에 나를 가리켜 기록된 모든 것이 이루어져야 하리라 한 말이 이것이라 하시고"(44절)

이루어져야 할 기록된 모든 것은 예수님께서 십자가에서 죽으시고 부활하시는 사건을 가리키는 것이었음을 제자들에게 가르쳐 주셨습니다.

제자들에게 예수님의 십자가 죽음은 이성적으로나, 감정적으로나 도무지 이해 할 수 없는 사건이었습니다. 도저히 감당키 어려운 두려움으로 예수님을 부인하고 좌절과 실망감으로 예수님을 떠나갔습니다. 제자들의 마음은 닫혀있었습니다. 하지만 부활하신 예수님의 말씀으로 인해 닫혔던 그들은 마음을 다시 열었고 이 모든 것이 구약에서 기록된, 예언된, 이루어질 사건이었음을 깨닫게 됩니다(45절).

부활하신 예수님께서는 이제 제자들에게 "증인"이라는 사명을 주십니다(48절).

둘째, 부활과 하나님 나라의 증인이 되어야 합니다

"또 이르시되 이같이 그리스도가 고난을 받고 제삼일에 죽은 자 가운데서 살아날 것과 또 그의 이름으로 죄 사함을 받게 하는 회개가 예루살렘에서 시작하여 모든 족속에게 전파될 것이 기록되었으니"(눅 24:46-47).

무엇의 증인입니까? 바로 예수님께서 십자가에서 죽으시고 다시 부활하신 부활의 증인과 죄 사함을 받는 회개가 예루살렘에서 시작하여 모든 족속에게 전파하라는 하나님 나라의 증인입니다.

1) 부활의 증인: 십자가에서 죽으시고 다시 부활하신 예수님

2) 하나님 나라의 증인: 죄 사함을 받는 회개가 예루살렘에서 시작하여 모든 족속에게 전파하는 것

십자가로 인해 흩어졌던 제자들이 예수님의 부활하심을 목격한 후에 이제 예수님으로부터 '증인'이라는 새로운 사명을 받았습니다. 하지만 예수님은 증인이 되기 위해서는 한 가지 더 중요한 조건이 있다고 말합니다.

셋째, 증인은 성령을 받아야 합니다

"볼지어다 내가 내 아버지께서 약속하신 것을 너희에게 보내리니 너희는 위로부터 능력으로 입혀질 때까지 이 성에 머물라 하시니라"(49절)

예수님의 죽으심과 부활하심에 대한 부활의 증인과 온 유대와 사마리아, 땅 끝까지 복음을 전파하는 하나님 나라의 증인이 되기 위해서는 하나님께서 약속하신 성령을 받아야 합니다.

세상은 예수님의 부활을 부인하며, 사탄은 사람이 회개를 통해 죄 사함을 받아 구원에 이르는 것을 싫어합니다. 모든 족속에게 복음이 전파되는 것

을 결코 원하지 않습니다. 세상과 사탄은 이 모든 일이 이루어지는 것을 막아설 것입니다.

보고 들은 바를 전하는 증인의 사명을 제자들이 감당하기에는 아직 부족했습니다. 제자들이 증인의 사명을 온전히 감당하기 위해서는 달라져야 했습니다. 그리고 이것을 가능케 하시는 분이 바로 성령님이십니다.

"볼지어다 내가 내 아버지께서 약속하신 것을 너희에게 보내리니 너희는 위로부터 능력으로 입혀질 때까지 이 성에 머물라 하시니라"(49절)

하나님은 성령님을 보내시고 제자들이 위로부터 오는 능력을 입기를 원하셨습니다. 제자들은 성령의 능력을 힘입음으로 증인된 삶을 감당할 수 있었습니다.

예수님을 부인하고 도망쳤던 제자들이 부활하신 예수님을 목격한 후에 달라졌습니다. 예수님께서 십자가에서 죽으시고 부활하신 사건이 성경이 이루고자하는 하시는 하나님의 뜻이었고, 계획이었음을 깨달았기 때문입니다. 그리고 이것에 대한 모든 일의 증인이 되는 것이 자신들의 사명임을 알게 되었고, 증인된 삶을 살기 위해서는 스스로의 힘이 아닌 성령의 능력으로 하는 것임을 알았기 때문입니다.

우리의 삶이 성령의 능력을 힘입어 증인으로서의 사명을 감당하는 삶이되기를 소망합니다.

함께 나누기

1. 오늘 본문 중에서 가장 인상적인 말씀은 무엇이며 왜 그렇게 생각하는지를 나누어봅시다.
   _____
   _____
   _____
   _____

2. 어떻게 증인된 삶을 살고 있는지를 나누어 봅시다.
   _____
   _____
   _____
   _____

3. 성령의 권능을 힘입어 증인의 삶을 살도록 함께 기도합시다.
   _____
   _____
   _____
   _____

한 주간의 기도 제목

나 _____
가정 _____
교회 _____

제41과

막을 수 없는 증인

성경: 행 4:1~22절 / 찬송: 502장

"우리는 보고 들은 것을 말하지 아니할 수 없다 하니"(20절)

첫째, 증인은 목격자라는 뜻을 가지고 있습니다

성경에서 '증인'을 의미하는 헬라어 '마르튀스'는 원래 법정에서 진실을 말하는 목격자를 뜻합니다.

법정에서 증인은 재판의 당사자는 아니지만 재판이 올바른 방향으로 나아가도록 돕는 중요한 역할을 수행합니다. 즉 유죄인에게는 합당한 처벌이, 무죄인에게는 무죄 판결이 내려지도록 돕는 정의실현의 동반자입니다. 증인의 용기 있는 진실된 증언이 정의가 바로 서는 데 결정적인 역할을 할 수 있습니다.

마찬가지로 하나님은 우리를 예수님의 십자가의 죽으심과 부활의 증인으로 세우셨습니다. 예수 그리스도의 십자가 죽으심과 부활을 부인하는 자로부터, 또 예수 그리스도의 십자가 죽으심과 부활을 시기하고 미워하는 자들로부터 우리를 증인으로 세우셨습니다. 예수님의 십자가에서 죽으심과 부활의 목격자로서 하나님의 편에서 담대히 진실된 증언을 할 때, 하나님의 나라는 세워집니다.

둘째, 증인에게는 성령님이 함께하시기 때문에 막을 수 없습니다

"예수 안에 죽은 자의 부활이 있다고 백성을 가르치고 전함을 싫어하여"(행 4:2).

제사장들과 성전을 맡은 자들, 사두개인들은 사도들의 예수 그리스도 부활의 가르침과 전함을 싫어하였습니다. 부활에 대한 증언은 핍박의 빌미를 제공했고, 사도들은 감옥에 갇히게 되었습니다. 그리고 이튿날 관리들과 장로들, 서기관들, 제사장들이 다 모여, 사도들을 가운데 세웠습니다. 그리고 그들은 사도들에게 물었습니다.

"너희가 무슨 권세와 누구의 이름으로 이 일을 행하였느냐"(4:7).

베드로는 하나님이 죽은 자 가운데서 살리신 나사렛 예수 그리스도의 이름으로 이러한 일을 행한다고 대답했습니다. 이러한 담대한 대답에 그들은 놀랐습니다. 그들은 예수님의 제자들을 학문 없는 범인으로, 헬라어로는 '이디오테스', 즉 보통사람으로 여겼기 때문입니다.

그들은 더 이상할 비난할 말을 잃고 그들끼리 의논한 후 더 이상 예수의 이름을 전하지 못하게 막는 것으로 경고하고 풀어주려 합니다. 하지만 제자들은 결코 그들의 방해에 굴하지 않습니다.

"베드로와 요한이 대답하여 이르되 하나님 앞에서 너희의 말을 듣는 것이 하나님의 말씀을 듣는 것보다 옳은가 판단하라 우리는 보고 들은 것을 말하지 아니할 수 없다 하니"(4:19~20).

이에 대하여 베드로와 요한은 단호히 대답합니다. 사람의 말을 듣는 것보나 하나님의 말씀을 듣는 것을 택하겠다고 말합니다.

"사람이 너희를 회당이나 위정자나 권세 있는 자 앞에 끌고 가거든 어떻게 무엇으로 대답하며 무엇으로 말할까 염려하지 말라 마땅히 할 말을 성령이 곧 그때에 너희에게 가르치시리라 하시니라"(12:11~12).

이러한 사도들의 변화된 담대한 모습 뒤에는 성령의 능력을 힘입었을 뿐 아니라, 더 나아가 성령께서 함께하시기 때문입니다.

셋째, 사도들은 부활의 참된 의미를 깨달았기 때문에 막을 수 없습니다

"우리는 보고 들은 것을 말하지 아니할 수 없다 하니"(행 4:20).

그리고 사도들은 분명히 말합니다. 예수 그리스도의 부활을 부인할 수도 없고, 전할 수밖에 없는 까닭은 예수님의 부활을 보고 들었기 때문이라 말합니다. 그러나 사도들의 부활 목격은 단순히 예수님의 부활 사실만을 말하는 것이 아닙니다. 여기서 '보다'는 '헬라어'로 '에이돈'으로 단순히 눈에 보이는 것 이상으로 깊은 내면적 의미를 알게 되었다는 뜻입니다. '듣다'에 해당하는 헬라어 '아쿠오' 역시도 단순히 듣는 의미를 넘어 이해하고 순종하는 의미를 포함합니다.

사도들은 부활사건을 보았을 때 부활이 지니고 있는 깊은 의미를 이해하고 깨달은 것입니다. 부활사건은 모든 민족을 구원하기 위해 예정하신 하나님의 뜻과 계획의 성취이며, 모든 민족의 구원을 위해 예수님께서 그리스도가 되신 사건입니다.

성도가 예수 그리스도의 부활을 안다는 것은 하나님께서 모든 인류를 구원하기 위해 예정하신 하나님의 뜻과 계획을 아는 것이며, 여기서 안다는 것은 순종할 수밖에 없고, 증언할 수밖에 없는 증인이 되었음을 말합니다.

예수 그리스도의 참된 증인이 되어 예수님의 부활을 알리는 복된 삶을 살아가는 성도가 되시기를 축복합니다.

함께 나누기

1. 오늘 본문 중에서 가장 인상적인 말씀은 무엇이며 왜 그렇게 생각하는 지를 나누어봅시다.

   _____
   _____
   _____
   _____

2. 예수님의 부활을 보고 듣고 목격한 사실을 나누어 봅시다.

   _____
   _____
   _____
   _____

3. 예수님을 부인할 수 없으며 순종할 수밖에 없고, 전할 수밖에 없는 증인의 삶을 살도록 함께 기도합시다.

   _____
   _____
   _____
   _____

한 주간의 기도 제목

나 _____
가정 _____
교회 _____

제42과

목숨을 바치는 증인

성경: 행 7장 1~60절 / 찬송: 445장

"주여 이 죄를 그들에게 돌리지 마옵소서"(행 7:60).

첫째, 증인은 순교자의 뜻을 지니고 있습니다

'증인'은 자신의 생명을 바쳐서까지 신앙을 증거하는 '순교자'의 뜻을 포함합니다.

사도들이 '증인'으로서의 사명을 이루어감에 따라 초대교회에서 '증인'이라는 단어의 의미는 확장되었습니다. 증인들이 자신의 목숨을 바쳐서까지 증언하는 '순교자'의 의미를 강하게 포함하게 됩니다. 초대교회에 '증인'이라는 단어가 '순교자'의 의미로 확장되기까지 참되고 충성스런 증인들이 보고 들으며 목격한 일에 자신의 생명을 지불하는 일이 있었기 때문입니다.

교회는 거침없이 복음을 전파하였고, 예수님의 부활이 전파될수록 핍박은 더욱 거세졌습니다. 핍박이 거세질수록 초대교회는 더욱더 왕성해졌습니다. 그리고 성령은 더욱 충만해졌습니다.

성령은 예수님을 증언하는 일을 감당케 하기 위해 오시며, 성령님은 순종하는 성도들을 충만케 하십니다.

둘째, 스데반의 사역은 순교자의 의미를 지닌 증인의 모습을 보여 줍니다

"스데반이 지혜와 성령으로 말함을 그들이 능히 당하지 못하여"(행 6:10)

스데반은 사도들이 기도와 말씀에 전념하기 위해 뽑은 사람이었습니다. 일꾼을 감당하기 위해 뽑았지만, 그는 은혜와 권능이 충만하였기에 큰 기사와 표적을 교회 안에서 뿐 아니라 교회 밖에서도 행하게 됩니다.

사도가 아닌 스데반 집사의 이러한 사역은 이스라엘 사회와 유대교에 적지 않은 충격을 줍니다. 자유민들, 알렉산드리아인, 길리기아와 아시아에서 온 사람들이 스데반과 논쟁하였지만, 지혜와 성령으로 말하는 스데반을 이기지 못했습니다. 그들은 스데반을 쓰러뜨리기 위해 사람을 사주하고, 백성과 장로, 서기관들을 격동시키며, 거짓 증인들을 세우기까지 하였습니다.

"공회 중에 앉은 사람들이 다 스데반을 주목하여 보니 그 얼굴이 천사의 얼굴과 같더라"(행 6:15)

스데반을 쓰러뜨리려는 그들의 악랄함과 완악함에 비해, 스데반은 담대함에 평온함까지 더해 있었습니다. 스데반은 그를 쓰러뜨리려는 이들 앞에 담대히 성령이 그에게 가르치는 것을 증언합니다.

"여러 조상이 요셉을 시기하여 애굽에 팔았더니 하나님이 그와 함께 계셔"(행 7:9).

"그는 그의 형제들이 하나님께서 자기의 손을 통하여 구원해 주시는 것을 깨달으리라고 생각하였으나 그들이 깨닫지 못하였더라"(행 7:25).

"우리 조상들이 모세에게 복종하지 아니하고자 하여 거절하며 그 마음이 도리어 애굽으로 향하여"(행 7:39).

"자기 손으로 만든 것을 기뻐하더니 하나님이 외면하사 그들을 그 하늘의 군대 섬기는 일에 버려 두셨으니…내가 너희를 바벨론 밖으로 옮기리라 함과 같으니라"(행 7:41~43).

스데반은 이스라엘 백성들이 예수님을 시기하였으며, 그리스도이신 것을 깨닫지 못했고, 오히려 예수님을 거절하여 십자가에 못 박아 죽였다고 말합니다. 그리고 이 일로 인해 하나님은 이스라엘 백성을 외면할 것이며, 이스라엘이 구원의 역사에서 쫓겨날 것을 말합니다.

사도들의 증언을 거부하고 부정하는 이러한 제사장들과 서기관들의 태도는 마음에 완악함과 불순종이 가득하기 때문이며 성령을 거스르는 태도이고, 더 나아가 예수 그리스도를 죽인 살인자라고 고발하기까지 합니다(행 7:51~53). 이러한 담대한 증언은 스데반을 순교자의 자리에 임하게 합니다. 유대인들이 스데반의 설교에 마음이 찔렸다는 것은 증인으로서 성령의 뜻을 전함에 있어 온전했음을 증명해주지만 결과는 스데반의 죽음이었습니다.

"스데반이 성령 충만하여 하늘을 우러러 주목하여 하나님의 영광과 및 예수께서 하나님 우편에 서신 것을 보고"(55절).

유대인들의 악마적인 대적 앞에 오히려 스데반은 하나님의 보좌를 주목하였으며, 천사의 얼굴로 시작하며 천사의 얼굴로 죽는 그의 죽음은 하나님 나라의 충성된 증인으로서의 사명을 온전히 감당했음을 보여줍니다. 이러한 죽음은 절망과 좌절이 아닌 초대교회가 이방선교를 향해 나아가는 교회의 씨앗이 되었습니다.

함께 나누기

1. 오늘 본문 중에서 가장 인상적인 말씀은 무엇이며 왜 그렇게 생각하는지를 나누어봅시다.

   _____
   _____
   _____
   _____

2. 증인된 삶으로서 생명을 드린 스데반 집사의 삶을 생각하며 내가 주님께 드린 삶을 나누어봅시다.

   _____
   _____
   _____
   _____

3. 생명을 드리는 증인된 삶을 살도록 함께 기도합시다.

   _____
   _____
   _____
   _____

한 주간의 기도 제목

나 _____
가정 _____
교회 _____

제43과

땅 끝까지 이르는 증인

성경: 행 1:28절 / 찬송: 505장

"그 때에 스데반의 일로 일어난 환난으로 말미암아 흩어진 자들이 ...."(19절)

첫째, 복음은 땅 끝까지 전파되어야 합니다

스데반의 순교는 교회의 씨앗이 되었고, 스데반의 순교는 땅 끝까지 복음을 전하라는 증인의 사명에 불꽃이 되었습니다.

"오직 성령이 너희에게 임하시면 너희가 권능을 받고 예루살렘과 온 유대와 사마리아와 땅 끝까지 이르러 내 증인이 되리라 하시니라"(행 1:8)

예수님이 부활하실 때, 제자들은 이스라엘의 회복을 물었지만, 예수님은 제자들에게 예루살렘과 사마리아와 땅 끝까지 이르러 예수의 증인이 될 것이라고 말씀하셨습니다. 사도행전은 복음이 시작되어 땅 끝까지 복음이 전해지는 과정을 충실히 보여주고 있습니다. 또한 사도행전은 스데반의 순교를 포함한 모든 일련의 사건들이 결국에는 땅 끝까지 복음이 전파되어지는 이 모든 과정 속에 이 복음 전파의 과정을 누가 주도적으로 끌고 가시는 지를 보여줍니다.

둘째, 하나님의 주도하심 가운데 선교는 이루어집니다

"주의 사자가 빌립에게 말하여 이르되 일어나서 남쪽으로 향하여 예루살렘에서 가사로 내려가는 길까지 가라 하니 그 길은 광야라"(행 8:26)

주의 사자가 빌립에게 임하여서 에디오피아 내시에게로 이끄는 모습을 보여줍니다.

"내가 대답하되 주님 누구시니이까 하니 이르시되 나는 네가 박해하는 나사렛 예수라"(행 22:8).

다메섹에 가까이 이르렀을 때 홀연히 하늘에서 빛이 바울에게 비추었고 성도를 핍박하는 사울에게 예수께서 나타나셔서 그를 회심시키는 장면을 보여줍니다.

"하루는 제구시쯤 되어 환상 중에 밝히 보매 하나님의 사자가 들어와 이르되 고넬료야 하니 고넬료가 주목하여 보고 두려워 이르되 주여 무슨 일이니이까 천사가 이르되 네 기도와 구제가 하나님 앞에 상달되어 기억하신 바가 되었으니"(행 10:3~4).

주의 사자가 직접 고넬료에게 임하여 사람을 보내어 베드로를 청할 것을 명령하십니다.

"베드로가 그 환상에 대하여 생각할 때에 성령께서 그에게 말씀하시되 두 사람이 너를 찾으니 일어나 내려가 의심하지 말고 함께 가라 내가 그들을 보내었느니라 하시니"(행 10:19~20).

주께서 베드로에게 환상을 통해 말씀하시고 성령님께서 직접 고넬료에게 가실 것을 명령하십니다.

"주를 섬겨 금식할 때에 성령이 이르시되 내가 불러 시키는 일을 위하여 바나바와 사울을 따로 세우라 하시니...두 사람이 성령의 보내심을 받아 실루기아에 내려가 거기서 배 타고 구브로에 가서"(행 13:2,4).

안디옥에서는 성령님께서 바나바와 바울을 따로 세우시고 실루기아에 가서 복음을 전할 것을 명령하셨습니다.

"바울이 그 환상을 보았을 때 우리가 곧 마게도냐로 떠나기를 힘쓰니 이는 하

나님이 저 사람들에게 복음을 전하라고 우리를 부르신 줄로 인정함이러라"(행 16:10)

바울이 아시아로 향해 가려고 할 때 환상을 통해 바울의 발걸음을 돌려 바울을 마게도냐로 가게 하셨습니다.

"그 날 밤에 주께서 바울 곁에 서서 이르시되 담대하라 네가 예루살렘에서 나의 일을 증언한 것 같이 로마에서도 증언하여야 하리라 하시니라"(행 23:11)

예수님께서 바울에게 오셔서 담대히 로마에 가서 증거해야 할 것을 말씀하셨습니다.

사도행전은 땅 끝까지 이르는 복음전파가 누구에 의해서 전파되어지는 지를 보여줍니다. 예수님께서는 부활하셔서 부활을 목격한 자들에게 증인으로서의 사명을 주시지만, 증인의 사명이 하나님의 인도하심에 의해서 성령님의 도우심으로 전해지는 것이라 말합니다. 땅 끝까지 전해지는 하나님 나라는 예수 그리스도를 전하는 증인들의 증언에 의해 전파가 이루어지지만, 이방으로 뻗어가는 그 길은 하나님께서 주권적으로 예비하셔야만 합니다.

사도행전이 보여주는 복음전파의 과정은 오늘날의 교회와 성도가 지향해야 합니다. 한국교회가 선교에 힘을 써야 하는 것은 당연할 뿐 아니라, 하나님의 주권에 순종하고 하나님의 인도하심을 구할 때 땅 끝까지 이르는 사도행전의 역사가 지금 우리에게도 이루어질 줄 믿습니다.

함께 나누기

1. 오늘 본문 중에서 가장 인상적인 말씀은 무엇이며 왜 그렇게 생각하는지를 나누어봅시다.

_____
_____
_____
_____

2. 하나님의 인도하심을 구하며 전도했던 경험들을 나누어 봅시다.

_____
_____
_____
_____

3. 땅 끝까지 이르는 증인된 삶을 살도록 함께 기도합시다.

_____
_____
_____
_____

한 주간의 기도 제목

나 _____
가정 _____
교회 _____

제44과

하나님이 함께 하시는 증인

성경: 행 27장~28장 / 찬송: 516장

"믿는 자들에게 이런 표적이 따르리니"(막 16:18).

바울이 성령의 인도하심에 따라 로마로 향합니다. 그는 배에 오르고 로마로 향하는 항해 중에 '유라굴로'라는 광풍을 만납니다.

사람들은 광풍에 의해 짐도 버리고 배의 기구들도 바다에 버립니다. 먹을 것도 오래 먹지 못해 심신이 지친 상태였습니다. 하지만 바울은 달랐습니다. 그는 오히려 그들을 격려하고 위로하며 안심시켰습니다.

첫째, 증인에게는 하나님이 함께하십니다

"바울아 두려워하지 말라 네가 가이사 앞에 서야 하겠고 또 하나님께서 너와 함께 항해하는 자를 다 네게 주셨다 하였으니"(행 27:24).

하나님께서 바울과 함께 하셨기 때문에 두려워하지 않았습니다. 증인의 사명을 감당하는 자에게 하나님은 함께하십니다.

둘째, 증인에게는 하나님의 영광이 함께 합니다

"백부장이 바울을 구원하려 하여 그들의 뜻을 막고 헤엄칠 줄 아는 사람들을 명하여 물에 뛰어내려 먼저 육지에 나가게 하고"(행 27:43)

어려움과 역경 속에서도 하나님을 신뢰하고 감사하며 나아갑시다. 우리의 힘으로 감당할 수 없는 상황 속에서도 평안을 잃지 않고 하나님을 의지하는 모습을 보인다면, 사람들은 증인을 통해 하나님의 살아계심을 목격할 것입니다.

"뱀을 집어 올리며 무슨 독을 마실지라도 해를 받지 아니하며 병든 사람에게 손을 얹은즉 나으리라 하시더라"(막 16:18).

바울과 그 일행은 광풍을 피해 '멜리데'라고 하는 섬에 도착합니다. 섬에 도착한 바울과 일행을 섬의 원주민들은 불을 피워 영접하였습니다. 바울은 나무 한 묶음을 거두어 불에 넣었는데, 그 뜨거움으로 인하며 독사가 나와 바울의 손을 물었습니다. 원주민들은 바울이 죽을 줄 알고 기다렸지만 바울은 아무 이상이 없었습니다.

바울은 섬에서 가장 높은 사람 보블리오라 하는 이의 집에 머물게 됩니다. 보블리오의 부친은 열병과 이질에 걸려 누워 있었습니다. 바울이 들어가 그에게 안수하여 낫게 되면서 섬 안의 다른 병든 사람들도 와서 고침을 받게 됩니다. 그 일로 인해 섬사람들은 바울과 그의 일행들을 대접하고 떠날 때에 항해에 필요한 음식과 물건을 주었습니다.

"또 이르시되 너희는 온 천하에 다니며 만민에게 복음을 전파하라"(막 16:15).

증인으로서의 삶을 살아가는 이들은 희생과 고난을 동반하지만 동시에 하나님이 함께 하심을 경험하게 됩니다.

셋째, 증인의 삶을 살면 하나님과 친밀한 관계를 맺습니다

증인이 받는 하나님의 가장 큰 축복은 하나님과의 친밀한 관계입니다. 하나님은 두려움과 어려움 속에서 증인과 함께 하고 계심을 끊임없이 말씀하고 계시며 응답하십니다.

"그곳 형제들이 우리 소식을 듣고 압비오 광장과 트레이스 타베르네까지 맞으러 오니 바울이 그들을 보고 하나님께 감사하고 담대한 마음을 얻으니라"(행

28:15).

"그 말을 믿는 사람도 있고 믿지 아니하는 사람도 있어"(행 28:24).

증인된 이들의 삶에 감사와 담대함으로 가득한 순간도 있고, 때로는 믿지 못하는 이들로 인해 실망하고 낙심이 될 때도 있습니다.

"바울이 온 이태를 자기 셋집에 머물면서 자기에게 오는 사람을 다 영접하고 하나님의 나라를 전파하며 주 예수 그리스도에 관한 모든 것을 담대하게 거침없이 가르치더라"(행 28:30~31).

하나님이 함께하심을 믿는 믿음으로 나아간다면 결국 처한 어려움을 복으로 바꾸어 역사하시는 하나님을 경험할 수 있습니다. 증인의 삶은 단순한 의무가 아니라 하나님의 사랑과 은혜를 깊이 경험하는 축복의 통로입니다.

함께 나누기

1. 오늘 본문 중에서 가장 인상적인 말씀은 무엇이며 왜 그렇게 생각하는지를 나누어봅시다.

   _____
   _____
   _____
   _____

2. 하나님의 함께하심을 경험했던 경험들을 나누어 봅시다.

   _____
   _____
   _____
   _____

3. 하나님이 함께하시는 증인된 삶을 살도록 함께 기도합시다.

   _____
   _____
   _____
   _____

한 주간의 기도 제목

나 _____
가정 _____
교회 _____

11월

◆

제45과 감사하는 신앙

제46과 추수감사절의 축복

제47과 구원의 감사

제48과 대강절의 시작

제45과

감사하는 신앙

성경: 행 7:1~22절 / 찬송: 426장

"범사에 감사하라 이것이 그리스도 예수 안에서 너희를 향하신 하나님의 뜻이니라"(살전 5:18)

첫째, 감사는 성도가 지녀야 할 태도입니다

다윗을 비롯한, 선지자들과 수많은 성경 인물들은 하나님께 감사하는 사람들이었습니다.

감사는 때로는 감사할 수 없는 상황에서 명령으로 주어지기도 했으며, 때로는 기쁨과 은혜 가운데 감사로 고백되어지기도 했습니다. 삶에 고통과 고난 속에서도 감사, 기쁨과 은혜 가운데에서도 감사, 당연한 것이 당연하게 여겨질 때도 감사해야 합니다. 성도에게 감사는 특정 상황에서 국한되는 것이 아니라 삶의 모든 영역에서 이루어져야 하는 근본적인 태도라고 성경은 가르칩니다.

감사는 선택이 아니라 하나님께서 성도에게 원하시는 태도입니다.

둘째, 감사는 성도가 지녀야 할 믿음입니다

성도는 어떻게 모든 상황 속에서 하나님께 감사 할 수 있을까요?

"여호와여 내가 주를 높일 것은 주께서 나를 끌어내사 내 원수로 하여금 나로 말미암아 기뻐하지 못하게 하심이니이다"(시 30:1).

시편 30편에서 다윗은 자신의 상황이 원수들로부터 고통을 받고 있는 상황에 있습니다. 하지만 그는 결코 고통 속에서 절망하지 않고 오히려 원수들의 기쁨이 자신으로 인해 곧 기쁨이 끝날 것이라 고백합니다.

"그의 노염은 잠깐이요 그의 은총은 평생이로다 저녁에는 울음이 깃들일지라도 아침에는 기쁨이 오리로다"(시 30:5).

지금은 비록 고통 통 속에 있지만 고통은 잠깐이요, 기쁨이 곧 올 것이라 믿습니다.

"주께서 나의 슬픔이 변하여 내게 춤이 되게 하시며 나의 베옷을 벗기고 기쁨으로 띠 띠우셨나이다 이는 잠잠하지 아니하고 내 영광으로 주를 찬송하게 하심이니 여호와 나의 하나님이여 내가 주께 영원히 감사하리이다"(시편 30:11~12).

다윗이 기쁨이 올 것이라 믿는 이유는 하나님이 잠잠히 계시지 아니하시고 삶 가운데 개입하셔서 자신을 구원하실 것이라 믿기 때문입니다.

감사는 단순한 환경에 대한 반응을 넘어서 그 환경을 주관하시는 하나님을 바라보는 믿음의 표현입니다. 고난을 주관하시는 분도 하나님이시며, 구원하시는 분도 하나님이시며, 고난의 시간 속에서 우리를 성장시키는 분도 하나님이십니다. 감사는 우리의 인생을 주관하시는 분이 하나님이시라는 것을 믿는 믿음의 고백입니다.

셋째, 감사는 성도의 마음을 지킵니다

"아무것도 염려하지 말고 다만 모든 일에 기도와 간구로, 너희 구할 것을 감사함으로 하나님께 아뢰라"(빌 4:6).

성경은 우리에게 염려하지 말고 모든 일에 기도와 간구로, 구할 것은 감사함으로 하나님께 아뢰라고 말씀하고 있습니다. 인생을 통해, 고난을 통해, 고난 뒤에 우리의 인생을 주관하고 계신 하나님을 깨달은 성도라면 감사는 우리에게 주어진 것을 보며 감사하는 것이 아니라 우리의 인생을 주관하시며, 함께하시는 하나님을 보며 감사하는 것입니다.

"그리하면 모든 지각에 뛰어난 하나님의 평강이 그리스도 예수 안에서 너희 마음과 생각을 지키시리라"(빌 4:7).

하나님께 올려드리는 성도의 감사는 믿음의 고백이며 그 믿음의 고백이 성도의 삶 속에 함께할 때 하나님의 평강이 우리의 마음과 생각을 지켜주십니다.

함께 나누기

1. 오늘 본문 중에서 가장 인상적인 말씀은 무엇이며 왜 그렇게 생각하는지를 나누어봅시다.

   _____
   _____
   _____
   _____

2. 하나님께서 내 인생을 인도하시며 함께해 주셨던 경험들을 나누어 봅시다.

   _____
   _____
   _____
   _____

3. 하나님께 감사하는 삶을 살도록 함께 기도합시다.

   _____
   _____
   _____
   _____

한 주간의 기도 제목

나 _____
가정 _____
교회 _____

제46과

추수감사절의 축복

성경: 룻기 1:15~2:23절 / 찬송: 435장

"여호와께서 네가 행한 일에 보답하시기를 원하며 이스라엘의 하나님 여호와께서 그의 날개 아래에 보호를 받으러 온 네게 온전한 상 주시기를 원하노라 하는지라"(룻 2:12).

첫째, 룻기 속에 담겨진 추수감사절

시어머니였던 나오미를 긍휼히 여김으로 룻은 시어머니의 고국인 이스라엘 땅에 오게 됩니다. 마침, 이스라엘은 흉년이라는 힘든 시기를 보내고 다시 풍년에 이르러 추수하는 시기였고, 룻은 우연히 친족 보아스의 땅에서 이삭 줍기를 하게 됩니다.

"긍휼히 여기는 자는 복이 있나니 그들이 긍휼히 여김을 받을 것임이요"(마 6:7)

룻은 이방여인이었음에도 불구하고 시어머니인 나오미를 긍휼이 여긴 탓에, 보아스의 긍휼과 자비를 얻어 룻의 기업에 '기업 무를 자'가 되어줍니다. 흉년을 피해 이스라엘을 떠났던 나오미의 가정이, 나오미 홀로 이스라엘로 돌아왔다면 저주의 상징처럼 비난받아야 마땅했을 것입니다. 하지만 자격 없는 이방여인이었던 룻이 시어머니인 나오미를 긍휼이 여겼던 그 마음이 보아스의 은혜와 자비를 받아 구원을 얻게 되는 과정은 추수감사절의 의미와 닮아있습니다.

둘째, 추수감사절의 기원

오늘 우리가 기념하는 추수감사절은 1621년 영국에서 종교의 자유를 찾아

신대륙으로 이주한 청교도들의 이야기에서 시작됩니다. 영국국교회의 박해를 피해 청교도 102명은 메이플라워호를 타고 신대륙으로 떠났습니다. 청교도들은 낯선 땅에서 혹독한 겨울을 보냈습니다. 추위와 질병, 식량부족으로 인해 절반이 목숨을 잃는 고난을 겪었습니다. 살아남은 청교도들은 이듬해 봄에 원주민들로부터 도움을 받습니다. 옥수수재배법과 사냥 기술 등을 전수 받았고, 그들의 도움 덕에 가을, 풍성한 첫 수확을 하게 됩니다.

이에 이들은 이 모든 것을 가능케한 하나님께 감사 예배를 드리고, 도움을 주었던 원주민들을 초청해 3일간의 잔치를 벌였습니다. 이 잔치에서 칠면조, 사슴고기, 옥수수 등 풍성한 음식을 나누어 먹었는데, 이것이 오늘 추수감사절의 시초가 되었습니다.

셋째, 추수감사절에 나눌 축복

1) 풍요와 나눔의 축복
추수감사절의 가장 기본적인 축복은 풍요로움입니다. 흉년과 가뭄, 빈곤과 배고픔을 벗어나 식탁을 가득 채운 풍요로움 속에서 삶의 감사와 축복을 회복합니다. 그리고 그 축복은 혼자만의 것이 아니라 룻이 나오미와 풍요로움을 나누듯이, 보아스가 룻과 풍요로움을 나누듯이, 청교도인들이 원주민들과 풍요로움을 나누듯이, 이웃과 함께 풍요를 나눔으로 감사의 마음을 더욱 풍성하게 만듭니다.

2) 가족의 축복
룻의 이삭줍기를 통해 보아스와의 만남이 이루어지고 기업이 회복되어지듯이, 추수감사절은 가족의 축복으로 이어집니다. 가족과 친지들이 한자리에 모여 서로의 안부를 묻고 함께하는 시간을 통해 가족의 소중함을 다시 느끼며 가족을 주신 하나님께 감사를 드립니다.

3) 회복과 희망의 축복
영국국교회의 핍박을 피해 신대륙을 향해 나아갔던 청교도들이 빈곤과 궁핍과 고난을 이겨내고 새로운 수확을 통해 회복과 희망을 보았습니다. 추수 감사절은 힘들고 어려웠던 지난 한해를 돌아보며 오늘날까지 인도해주신 하나님의 은혜에 감사하며 앞으로 다가올 미래에 대한 소망과 희망을 갖습니다.

4) 영적인 축복

룻과 보아스의 만남과 축복, 그 모든 것이 하나님의 섭리이며, 하나님의 인도하심과 뜻 안에서 이루어졌습니다. 마찬가지로 청교도들이 신대륙에 정착하여 신앙의 새로운 터전을 세우기까지 이 모든 것이 하나님의 섭리이며 하나님의 뜻 안에서 이루어졌음을 고백하였습니다. 추수감사절은 우리의 삶에 모든 것이 하나님의 뜻 안에서 이루어졌음을 고백하며 감사하는 절기입니다.

추수감사절은 이처럼 우리에게 주어진 모든 것이 당연한 것이 아니라 하나님의 뜻 안에서, 계획안에서 주신 것임을 고백하고 감사하는 것입니다. 이 모든 축복을 주신 하나님께 감사하며 이웃과 함께 나누며 살아가는 성도님들이 되시기를 축복합니다.

함께 나누기

1. 오늘 본문 중에서 가장 인상적인 말씀은 무엇이며 왜 그렇게 생각하는지를 나누어봅시다.

   _____
   _____
   _____
   _____
   _____

2. 하나님께서 내 삶에 주신 것들을 나누어 봅시다.

   _____
   _____
   _____
   _____

3. 하나님께 감사하는 삶을 살도록 함께 기도합시다.

   _____
   _____
   _____
   _____

한 주간의 기도 제목

나 _____
가정 _____
교회 _____

제47과

구원의 감사

성경: 행 7:1~22절 / 찬송: 436장

"말세에 고통 하는 때가 이르러 ... 감사하지 아니하며 ... "(딤후 3:1~2절)

말세가 이르면 감사를 하지 못한다고 성경은 말하고 있습니다. 무정하고, 원통함을 풀지 못하고, 사나우며, 선한 것을 좋아하지 아니하고, 배반하며, 쾌락을 하나님보다 더 사랑하며, 경건의 능력은 없기 때문에 감사를 하지 못한다고 말하고 있습니다.

헨리 워드비처는 감사는 영혼에서 피어나는 가장 아름다운 꽃이라고 말했습니다. 하나님과 가까워질수록 은혜는 깊어지고 감사는 풍성해지지만, 하나님과 멀어질수록 감사는 인색해지기에, 내 안에 말라버린 감사는 은혜에 메말라 있을 가능성이 큽니다.

"항상 배우나 끝내 진리의 지식에 이를 수 없느니라"(딤후 3:7)

교회를 다니면서도, 예배에 꾸준히 참석하고 있음에도 불구하고 내 안에 감사가 없다면, 내가 배우는 것이 과연 진리의 지식에 이르고 있는지를 물어야합니다.

첫째, 진리의 지식이란 구원에 이르게 하는 것입니다

"또 어려서부터 성경을 알았나니 성경은 능히 너로 하여금 그리스도 예수 안에 있는 믿음으로 말미암아 구원에 이르는 지혜가 있게 하느니라"(딤후 3:15)

진리의 지식은 그리스도 안에 있는 믿음으로 인해 구원에 이르는 지식을 말합니다. 하나님 말씀이 내 영혼을 구원에 이르는 진리로 이끌어야 합니다.

"모든 성경은 하나님의 감동으로 된 것으로 교훈과 책망과 바르게 함과 의로 교육하기에 유익하니 이는 하나님의 사람으로 온전하게 하며 모든 선한 일을 행할 능력을 갖추게 하려 함이라"(딤후 3:16~17).

하나님 말씀이 나를 바른 길로 인도하시며, 때로는 나의 죄를 책망하고, 바르고 선한 길로 교육하며, 더 나아가 선한 일을 행할 능력까지 더해 주심으로 온전한 하나님의 사람이 될 수 있도록 도우십니다.

"그 날에 네가 말하기를 여호와여 주께서 전에는 내게 노하셨사오나 이제는 주의 진노가 돌아섰고 또 주께서 나를 안위하시오니 내가 주께 감사하겠나이다 할 것이니라 보라 하나님은 나의 구원이시라 내가 신뢰하고 두려움이 없으리니 주 여호와는 나의 힘이시며 나의 노래시며 나의 구원이심이라"(사 12:1~2).

우리가 하나님께 드릴 여러 감사 중에 가장 중요한 감사는 구원의 감사입니다. 예수님은 우리의 죄로부터 구원하기 위해서 오셨으며, 예수 그리스도의 십자가의 희생을 통해 우리의 죄를 씻겨주시고, 이러한 무한한 사랑과 은혜가 거룩한 삶으로 하나님께 가까이 가게 될 때 성도는 진정한 감사가 나옵니다.

둘째, 구원의 감사를 표현하는 몇 가지 방법

1) 하나님께 찬양과 경배로 표현합니다.
"우리의 능력이 되시는 하나님을 향하여 기쁘게 노래하며 야곱의 하나님을 향하여 즐거이 소리칠지어다"(시 81:1)

성도는 예배와 찬양을 통해 우리를 구원하신 기쁨을 하나님께 돌려드리는 것이 가장 기본적인 감사입니다.

2) 복음을 전함으로 표현합니다.

"헬라인이나 야만인이나 지혜 있는 자나 어리석은 자에게 다 내가 빚진 자라 그러므로 나는 할 수 있는 대로 로마에 있는 너희에게도 복음 전하기를 원하노라"(롬 1:14~15)

구원의 가장 큰 기쁨을 나누는 방법은 구원의 소식을 다른 사람에게 전하는 것입니다. 받은 감격이 크면 클수록 자신이 받은 구원을 다른 사람에게 나눌 수밖에 없으며 전할 수밖에 없는 것이 구원의 기쁨이며 감사입니다.

3) 순종으로 표현합니다.

"그런즉 누구든지 그리스도 안에 있으면 새로운 피조물이라 이전 것은 지나갔으니 보라 새 것이 되었도다"(고후 5:17)

구원받은 사람은 예수 그리스도 안에서 새로운 피조물이 되었기에 더 이상 죄의 노예가 아닙니다. 따라서 구원의 감사는 죄를 멀리하고 하나님의 말씀에 순종하는 삶으로 이어집니다.

4) 다른 사람을 섬김으로 표현합니다.

예수 그리스도께서 우리를 위하여 십자가에서 대신하여 죽으셨듯이, 우리는 이웃에게 조건 없는 사랑과 섬김을 베풀 수 있습니다. 이웃을 내 몸과 같이 사랑하는 것은 구원받은 감사의 실제적인 증거입니다.

함께 나누기

1. 오늘 본문 중에서 가장 인상적인 말씀은 무엇이며 왜 그렇게 생각하는지를 나누어봅시다.

   _____
   _____
   _____
   _____

2. 하나님께서 내게 주신 구원의 감격을 나누어 봅시다.

   _____
   _____
   _____
   _____

3. 하나님의 말씀이 나를 구원으로 인도하는 삶을 살 수 있도록 함께 기도합시다.

   _____
   _____
   _____
   _____

한 주간의 기도 제목

나 _____
가정 _____
교회 _____

제48과

대강절의 시작

성경: 사 9:1~2절 / 찬송: 435장

"흑암에 행하던 백성이 큰 빛을 보고 사망의 그늘진 땅에 거주하던 자에게 빛이 비치도다"(사 9:2)

대강절은 성탄절을 앞두고 약 4주간 지키는 절기로, 대림절 또는 강림절이라고도 불립니다. 대강이라는 말은 '오기를 기다린다'라는 뜻으로 이 절기는 예수님의 오심을 기념하며, 기다리는 중요한 의미를 담고 있습니다.

첫째, 예수님의 '첫 번째 오심'을 기념합니다

"전에 고통 받던 자들에게는 흑암이 없으리로다"(사 9:1).

예수 그리스도의 오심은 고통에서부터 시작합니다. 고통 속에서 멍에를 벗어버리지 못하고 신음하던 백성들은 그리스도의 오심을 바랍니다.

의롭고 경건한 자였던 시므온은 이스라엘의 위로를 기다리다가, 그리스도를 보기 전까지 죽지 아니하리라는 성령의 지시를 들었습니다. 그는 마침내 아기 예수를 보았고, 그 아기가 그리스도인 줄을 알고 하나님을 찬양하였습니다(눅 2:25~35).

바누엘의 딸 안나라는 선지자는 결혼한 후, 일곱 해만에 남편을 보내고 과부가 된 후에 84세가 되기까지 성전을 떠나지 아니하고 주야로 금식하며 섬기다가 아기 예수를 보고 하나님께 감사하며 이스라엘의 속량을 구했습니다(눅 2:36~38).

"흑암에 행하던 백성이 큰 빛을 보고 사망의 그늘진 땅에 거주하던 자에게 빛

이 비치도다"(사 9:2)

예수 그리스도는 어둠에 눌린 이들에게 빛으로 오셨습니다. 그 빛은 우리의 모든 고통을 감싸 안으며, 보지 못하던 하나님 나라를 보게 하고, 움츠려있던 우리를 일으켜, 예수그리스도의 새로운 생명의 출발로 우리에게 오셨습니다.

둘째, 예수님은 가장 낮은 곳으로 오셨습니다

"이새의 줄기에서 한 싹이 나며 그 뿌리에서 한 가지가 나서 결실할 것이요"(사 11:1)

예수님의 출발은 이새의 줄기에 시작되었습니다. 다윗은 볼품없는 이새의 막내아들로 사무엘의 눈에 조차 만족할 수 없는 존재였지만, 하나님이 그에게 함께하시므로 그는 이스라엘의 가장 위대한 왕이 되었습니다.

"보라 처녀가 잉태하여 아들을 낳을 것이요 그의 이름은 임마누엘이라 하리라 하셨으니 이를 번역한즉 하나님이 우리와 함께 계시다 함이라"(마 1:23).

예수님은 보잘 것은 이새의 막내아들 다윗에게 오셨듯이, 우리의 보잘 것 없이 나약하며, 미련하고, 어리석은 아주 작고 낮은 부족한 우리의 마음을 보시고 오셨습니다.

"첫 아들을 낳아 강보로 싸서 구유에 뉘었으니 이는 여관에 있을 곳이 없음이러라"(눅 2:7).

예수 그리스도는 가장 천하고 낮은 곳으로 오셨습니다. 그리고 하나님께서는 아기 예수님을 가장 존귀하게 여기셨습니다.

나의 작음, 나의 약함으로 속상하십니까? 힘들어 하고 계십니까? 하나님은 오히려 겸손히 낮추며 가장 작은 자로 여기고 낮은 곳에 거하는 이들에게 오시겠다고 말씀하십니다.

이새의 줄기에서 한 싹이 나서 예수 그리스도라는 결실을 맺었듯이, 자신을 낮추는 이에게 예수 그리스도의 결실을 맺기 원하십니다.

셋째, 예수님이 우리의 소망이 되십니다

이새의 줄기에서 솟아나는, 예수 그리스도께서 우리에게 주시는 소망을 기억해야합니다.

"나는 포도나무요 너희는 가지 라 그가 내 안에, 내가 그 안에 거하면 사람이 열매를 많이 맺나니 나를 떠나서는 너희가 아무 것도 할 수 없음이라"(눅 2:7)

우리가 예수님 안에 거하면, 예수님은 열매를 맺게 하실 것입니다. 오히려 나의 삶에 부족함이 소망이며, 나의 연약함이 희망이고, 나를 보잘 것 없이 여기며 낮추는 마음이 하나님의 기쁨이 됩니다. 예수님께서 가장 낮은 곳으로 오셔서 어둠을 빛으로 비추셨듯이, 하나님 안에 있는 우리는 늘 예수님이 주시는 빛으로 가득 찬다면 우리는 늘 소망과 감사가 가득합니다.

함께 나누기

1. 오늘 본문 중에서 가장 인상적인 말씀은 무엇이며 왜 그렇게 생각하는 지를 나누어봅시다.

_____
_____
_____
_____

2. 예수님께서 내게 그리스도로 오신 소망과 기쁨을 나누어 봅시다.

_____
_____
_____
_____

3. 예수님께서 우리의 소망과 기쁨이 되는 삶을 살 수 있도록 함께 기도합시다.

_____
_____
_____
_____

한 주간의 기도 제목

나 _____
가정 _____
교회 _____

12월

◆

제49과 슬기로운 신앙생활 : 예배

제50과 슬기로운 신앙생활 : 성도의 교제

제51과 당신의 믿음은 어떻습니까?

제52과 기다림

제49과

슬기로운 신앙생활 : 예배

성경: 요 4:23~24절 / 찬송: 122장

"아버지께 참되게 예배하는 자들은 영과 진리로 예배할 때가 오나니 곧 이 때라 아버지께서는 자기에게 이렇게 예배하는 자들을 찾으시느니라 하나님은 영이시니 예배하는 자가 영과 진리로 예배할지니라"(23~24절)

우리가 예수 그리스도를 구주로 믿는 크리스천이라고 할 때 우리의 정체성을 드러내는 가장 두드러진 특징 중의 하나는 우리가 하나님께 예배드린다는 사실입니다. 그런데 우리는 왜 하나님을 예배합니까?

첫째로, 이사야 43장 21절에 따르면 하나님께서는 "이 백성은 내가 나를 위하여 지었나니 나를 찬송하게 하려 함이니라"라고 말씀하시면서 예배가 우리 인간의 존재 목적과 연관이 있음을 밝히셨습니다. 우리는 하나님을 예배하도록 지음 받은 존재입니다. 그리고 이 사실이 우리를 예배해야 하는 두 번째 이유로 이끌어 줍니다.

둘째로, 우리가 하나님을 예배하는 이유는 하나님을 내 삶의 주인으로 인정하기 때문입니다. 우리가 하던 일을 모두 멈추고 하나님께 예배드리는 것은 하나님을 내 삶의 주인으로 인정하며 그렇기에 예배를 삶의 우선순위의 맨 위에 두고 있음을 나타내는 행위가 됩니다.

사실 예배는 어떤 정해놓은 종교의식이나 규정이 아닙니다. 예배는 믿는 자의 삶 자체입니다. 철저하게 하나님이 정하신 행위와 삶의 방식으로 사는 것을 의미합니다. 그렇기에 예배는 경험이 중요합니다. 삶 가운데 하나님을 깊이 만나고 알아가는 경험이 예배의 중심입니다.

이유정 목사님은 『잠자는 예배를 깨우라』라는 책에서 예배를 정의하기를,

"예배는 예수 그리스도의 십자가의 공로와 성령의 내재하시는 은혜로 담대히 아버지 하나님께 나아가, 그분의 계시에 대한 반응으로 올려드리는 가장 순도 높은 사랑이요, 가장 지고한 사귐의 사건이다."라고 말합니다.

'사랑'과 '사귐'으로 드려지는 예배는 철저히 우리의 전인격적인 삶 가운데 경험되어져야 합니다. 날마다의 삶이 하나님과의 사귐이 있고 그분과 사랑의 관계를 맺어감으로 예배하는 시간이어야 합니다. 이 말은 날마다의 삶 가운데 하나님을 인정하고 의식하는 삶을 살아야 한다는 것입니다.

오늘 본문 말씀을 보면 예수님께서 사마리아 우물가에서 한 여인과 예배에 관하여 말씀을 나누시는 것을 볼 수 있습니다. 그런데 여기서 우리가 눈 여겨 봐야 할 것은 예수님께서 '예배'라는 단어를 언급하실 때, 헬라어 '프로스쿠네오'라는 단어를 사용하셨다는 것입니다. 이 단어의 의미는 다른 누군가의 앞에 엎드려 그의 옷자락 끝 또는 발에 입맞춤을 한다는 것입니다. 예수님께서 이 단어를 선택하셔서 참된 예배를 표현하시는 데에는 그만한 이유가 있습니다. 바로 참된 예배는 하나님 앞에 온전한 순종과 경외함으로 엎드림을 의미한다는 것입니다.

그리고 하나님께 온전한 순종과 경외함으로 엎드려야 한다는 사실은 우리에게 준비성과 기대감의 중요성을 깨닫게 합니다. 우리의 삶의 창조주이자 주인 되시는 하나님 앞에 나오는데 아무런 준비 없이 나올 수는 없는 법입니다. 무엇의 준비가 필요합니까? 바로 마음, 더 깊이 이야기하면 우리의 영혼의 준비입니다. 영이신 하나님께 나아가 온전한 순종과 경외함으로 예배하기 위해서는 우리의 영혼이 깨어있어야 합니다. 분주하고 경쟁 많고 유혹 많은 삶을 살므로 인하여 고난을 겪는 중에 있더라도 날마다 삶 속에서 주님을 의지함으로 우리의 영혼만은 은혜로 충만함을 경험하는 삶을 살아야 합니다. 그리고 그러한 영혼의 충만함으로 예배에 나와야 합니다.

그리고 이렇게 영혼의 충만함으로 준비하는 것이 중요한 이유는 철저히 준비할수록 기대감이 커지기 때문입니다. 또한 자신이 삶 속에서 하나님을 예배하는 영혼이 되도록 잘 준비해 왔다면 예배에 대한 기대감, 즉 하나님의 은혜에 대한 갈망이 일어나기 때문입니다.

예배의 자리에 나아올 때 하나님의 은혜를 갈망하는 마음의 기대와 함께 나아와야 합니다. 예배를 통하여 예수를 인격적으로 알아가는 그 경험이 깊어지면 깊어질수록 영적 갈망 그리고 은혜에 대한 기대감이 더욱 커집니다. 기대감은 아버지 하나님께 예배할 때, 하나님의 은혜를 더욱 풍성하게 경험할 수 있게 하는 필수요소입니다.

예배에 임하는 우리의 마음이 달라지면 하나님의 은혜로 우리의 삶이 달라집니다. 날마다 온전한 예배자의 삶을 사는 은혜를 누릴 수 있기를 바랍니다.

함께 나누기

1. '예배의 성공이 삶의 성공이다'라는 말을 하는 분들이 있습니다. 어떤 의미일까요? 예배에 실패하는 경우도 있을까요?

   _____
   _____
   _____
   _____

2. 요즘 예배드림이 기쁨과 감사가 되며 예배를 통해 하나님과의 사랑과 사귐을 경험하고 있는지요? 그렇지 않다면 무엇이 문제일까요?

   _____
   _____
   _____

3. 예배하는 삶을 위하여 어떤 준비를 하고 계시며 어떤 기대감을 가지고 계신지요?

   _____
   _____
   _____
   _____

한 주간의 기도 제목

나 _____
가정 _____
교회 _____

제50과

슬기로운 신앙생활 : 성도의 교제

성경: 빌 2:1~5절 / 찬송: 90장

"너희 안에 이 마음을 품으라 곧 그리스도 예수의 마음이니"(5절)

횃불 트리니티 신학대학원대학교의 김진혁 교수는 '성도의 교제'와 관련하여 이런 말을 합니다.

"공동체에서 맺어진 관계의 질과 결이 그 공동체가 어떤 모임인지 결정하는 중요한 요인이 됩니다. 교회가 다른 공동체와 구별되는 특별한 이유는 성령을 통해 교회에 현존하시는 '그리스도'께서 사람과 사람 사이의 관계를 매개하시기 때문입니다. … 그리스도로 매개된 새로운 관계성 속에서 우리는 '나'뿐만이 아니라 '너'를 위해서도 십자가를 지신 그리스도를 통해 타자를 보는 습관을 배우게 됩니다. 이로써 자기중심성을 가지고 다른 사람을 바라보고 판단하던 우리의 시선이 서서히 교정되고 치유됩니다."

이는 교회 안에서 상대방과 나 사이에서 성도의 교제를 통해 관계를 맺어가는 이유가 나의 유익이나 만족이 아니라 그리스도의 사랑과 은혜 때문임을 말함입니다. 나뿐만이 아니라 상대방을 구원하기 위해서도 예수님께서 십자가를 지셨다는 그 사실이 우리를 공동체로 묶어 성도의 교제를 나누는 중요한 이유라는 것입니다.

서울 새문안교회를 담임하시는 이상학 목사님은 성도의 교제가 중요한 이유를 이렇게 설명합니다.

"교회를 이루고 교회가 제 기능을 하게 하는 6가지 요소가 있습니다. 말씀, 기도, 교제, 봉사, 전도, 그리고 선교입니다. 말씀과 기도는 하나님과 나와의 수직적인 관계, 봉사와 전도와 선교는 세상을 향한 관계, 그리고 교제는 성도 간의 수평적인 관계를 의미합니다. 말씀과 기도를 통하여 하나님께로부터 받은 것을 전도와 선교를 통해서 세상에 흘려보내기 전에 우리 안에 담는 그릇이 교제입니다. 이 교제가 있기 때문에 성도는 강해지고 당당해지고 견고해집니다. 성도의 교제를 통해 축적된 힘으로 받은 은혜를 흘려보내게 되기에 교제가 약하면 그 교회는 영적 체질이 약한 교회입니다."

성도의 교제가 잘 이루어는 교회에서 보이는 특유의 밝음과 따스함, 그리고 포근함이 있습니다. 이런 교회는 교회 문을 들어가면서부터 '환영을 받고 있구나!'라고 느끼게 됩니다. 그런데 어떤 교회는 들어가면서부터 조금은 미묘한 분위기가 느껴집니다. 자신들끼리만 돌아보는 집단 이기주의, 낯선 사람을 경계하는 일종의 텃세, 무언가 자신들의 일 외에는 관심을 두지 않는 것 같은 냉랭함, 그리고 그로 인하여 경험하게 되는 소외감... 환영을 받는다는 느낌과는 거리가 먼 것입니다.

사실 이러한 느낌을 주는 교회는 먼저 신앙생활을 하고 있는 성도들끼리의 관계도 그리 깊지 않는 경우가 대부분입니다. 서로에게 주일에 교회에 와야만 아는 척을 하는 사이가 된 것입니다. 함께 오랜 시간 한 교회에서 신앙생활을 해왔음에도 불구하고 서로에게 관심이 없습니다. 함께 신앙 생활하던 분이 몇 주를 교회에 오지 못했는데도 왜 그런지 관심이 없습니다. 건강한 교회의 모습일까요? 그렇기 때문에 성도의 교제가 중요하며 성도의 교제가 약하다면 그 교회는 영적 체질이 약한 교회일 수 있는 것입니다.

사실 먼저 손을 내밀고 호의를 베풀며 말을 걸어 안부를 묻고 환영하는 일은 쉽지 않은 일입니다. 그럼에도 우리가 이 일을 해야만 하는 이유는 앞서 언급했습니다. 바로 예수 그리스도께서 보여주신 십자가 사랑 때문입니다. 그렇기에 주님의 은혜와 사랑으로 서로를 돌아보며 신앙공동체로서 마땅히 해야 할 일을 하는 것이 중요합니다. 성도의 교제를 이루는 일에는 많은 노력이 필요합니다. 때로는 세심히 관심을 갖고 살피지 않으면 상대방의 필요에 둔감해집니다. 그러다보면 마음도 멀어지게 되는 일이 발생합니다. 그렇기에 성도의 교제를 위해서는 관심과 배려가 중요합니다.

누군가는 희생해야 하고, 다른 누군가는 헌신해야 합니다. 진정한 성도의 교제가 아니면 공동체로서 힘을 얻을 수 없는 곳이 교회입니다. 우리가 진정한 성도의 교제를 이루어간다면 서로에게 크나큰 유익을 끼칠 것이 자명합니다. 때로는 상대방으로 하여금 큰 감동을 주기에 삶을 변화시키는 원동력이 될 수도 있을 것입니다. 그만큼 관심과 배려를 통한 성도의 교제가 중요하고 이것은 곧 그리스도 예수의 마음을 품는 일과도 같습니다.

이천년 전에 오셨던 주님, 그리고 다시 오시겠다고 약속하셨던 주님을 기다리는 대강절에 우리 주님께서 기뻐하실만한 '성도의 교제'를 이루는 아름다운 공동체가 되었으면 좋겠습니다.

함께 나누기

1. 평소 '성도의 교제'에 대하여 어떻게 생각하셨습니까? 위의 글을 통해 새롭게 알게 된 것은 무엇입니까?

   _____
   _____
   _____

2. 김진혁 교수는 '십자가의 예수를 통해 다른 사람을 보는 습관'이 성도의 교제에서 중요하다고 말합니다. 이 말을 우리의 삶 속에 어떻게 적용할 수 있을까요?

   _____
   _____
   _____

3. 성도의 교제를 실천함에 있어서 우리 교회의 영적 체질은 어떻다고 생각하십니까? 성도의 교제를 온전히 이루어가기 위해서 어떻게 섬길 수 있을지를 생각해 봅시다.

   _____
   _____
   _____

한 주간의 기도 제목

나 _____
가정 _____
교회 _____

제51과

당신의 믿음은 어떻습니까?

성경: 단 6:10-23절 / 찬송: 357장

"다니엘이 이 조서에 왕의 도장이 찍힌 것을 알고도 자기 집에 돌아가서는 윗방에 올라가 예루살렘으로 향한 창문을 열고 전에 하던 대로 하루 세 번씩 무릎을 꿇고 기도하며 그의 하나님께 감사하였더라"(10절)

16세기 카톨릭 교회의 개혁을 주창한 주요 인물 중 한 명이자 카르멜 수도회의 수사였던 '십자가의 성 요한'이 이런 말을 했습니다. "물 위로 걷는 것만 기적이 아니다. 땅 위를 바르게 걷는 것도 기적이다." 또한 19세기 말에서 20세기 초에 활동했던 러시아의 작가 안톤 체호프는 이런 말을 했습니다. "사람은 평지에서 넘어지는 유일한 동물이다."

우리의 삶에는 우리가 올바로 서서 걷지 못하도록 만드는 걸림돌이 너무나도 많습니다. 거짓과 탐욕이 우리를 올바로 걷지 못하게 만드는 대표적인 돌부리입니다. 거기에 이기심, 교만, 허영심과 같은 것들이 더해지면 넘어질 수밖에 없습니다. 세상이 이렇다보니 한평생 이러한 걸림돌에 걸려 넘어지거나 물들지 않고 용케 피해 다니며 올바르게 걸을 수 있다면 정말 그것이 기적 아닐까요? 상황이 이러하니 땅 위를 바르게 걷는 것이 기적이라는 성인의 말이 이해가 됩니다.

다니엘이 살던 세상도 지금 우리가 사는 세상과 크게 다르지 않았습니다. 이 나라나 저 나라나 그때나 지금이나 악한 사람이 행하는 일들은 비슷합니다. 포로로 끌려온 주제에 고위 관료까지 된 다니엘을 시기하는 무리가 있었던 것입니다. 그리고 그들은 시기와 질투 끝에 거짓과 음모로 다니엘을 해하려 합니다.

이들은 다리오 왕에게 가서 다리오 왕의 허영심을 부추기며 이제부터 30일

동안에는 왕 외에는 다른 신에게나 사람에게나 무엇이든 구하지 못하게 하는 조서를 꾸미게 했습니다. 이는 다분히 하나님만을 믿고 따르는 다니엘을 겨냥한 조서입니다. 이렇게 음모와 술수가 판을 치며 거짓과 탐욕과 허영이 힘을 발휘하는 시대에 다니엘은 어떤 믿음으로 그 시대를 이겨낸 것일까요?

첫째, 영적 탁월함으로 드러나는 믿음입니다

다니엘을 모함하는 무리들은 다니엘을 고발할 근거를 찾고자 하였으나 다니엘로부터 아무 그릇됨이나 허물을 찾을 수 없었습니다. 다니엘은 어떻게 이렇게 청결한 삶을 살 수 있었을까요?

3절에서 답을 찾을 수 있습니다. '다니엘은 마음이 민첩하여' 이 말이 의미하는 것은 '영이 탁월하다'라는 것입니다. 이는 다니엘이 유다가 망한 후 바벨론에 포로로 끌려오고, 이후 바벨론도 망하고 페르시아(메대와 바사) 제국이 세워지는 등 시대가 변하고 세월이 가도 변함없이 세상에 물들지 아니하는 가운데 하나님만을 바라보는 믿음 안에서 영적으로 탁월한 신앙을 붙들고 있음을 의미합니다. 그리고 그러한 영적 탁월함이 삶 속에서 신실함으로 드러남으로 아무 그릇됨이나 허물이 없는 삶을 살게 했습니다.

하나님과의 깊은 영적인 관계를 통해 하나님의 영으로 충만해지면 삶의 길을 걷는 동안 세상에 물들지 않고 올바로 걸을 수 있는 기적을 경험할 수 있습니다.

둘째, 언제나 기도하는 믿음입니다

다니엘은 자신을 모함하는 무리들로 인하여 왕이 자신의 생명을 위협할 조서에 어인(御印)을 찍었음을 알고 있었습니다. 그러나 그러한 사실이 다니엘로 하여금 하나님과 깊이 사귐을 가지며 기도하는 일을 멈추게 하지 못했습니다. 다니엘은 언제나처럼 전에 하던 대로 하루 세 번씩 무릎을 꿇고 기도하며 하나님께 감사하였습니다.

이것을 통하여 우리가 알 수 있는 사실은 다니엘의 기도하는 믿음은 어느 한 순간만이 아닌 삶의 모든 순간 늘 깨어 기도하는 것으로 차근차근 다져 올린 믿음이라는 것입니다. 이렇게 쌓아올린 믿음은 세상이 변한다고 쉬이 흔들리지 않는 법입니다. 세상이 아무리 요동쳐도 전능하신 하나님 앞에 무릎을 꿇는 순간 하나님만이 주실 수 있는 평안으로 심령이 충만해지는 은혜를 경험했기에 결코 기도를 멈출 수 없게 됩니다.

많은 분들이 분주하고 복잡한 삶으로 인하여 기도할 시간이 없다고 말하나 하나님의 은혜를 경험한 믿음의 사람들은 다르게 얘기합니다. 분주하고 복잡하기에 더욱 정신 차리고 올바로 살기 위해서는 기도할 수밖에 없다고 말입니다. 이제는 달라져야 합니다. 하나님의 영의 충만함과 기도로 다져진 온전한 믿음으로 이 땅을 올바르게 걸어가는 기적을 경험하기를 축복합니다.

함께 나누기

1. 요즘 신앙생활을 유지하고 이어가는데 가장 걸림돌이 되는 것이 무엇이며, 반대로 힘이 되는 것은 무엇입니까?

   _____
   _____
   _____

2. 예수를 믿은 후 가장 뜨거운 열정을 품었던 때는 언제였고 어떤 믿음의 삶을 살았기에 그렇게 생각하는지 나누어 봅시다. 지금과는 어떻게 다릅니까?

   _____
   _____
   _____

3. 자신의 삶에 있어서 기도를 얼마나 중요하게 생각하고 있는지 나누어 봅시다. 규칙적으로 기도생활을 하고 있는지요? 기도생활을 통해 얻는 유익이 있다면 나누어 봅시다.

   _____
   _____
   _____

한 주간의 기도 제목

나 _____
가정 _____
교회 _____

제52과

기다림

성경: 마 2:1-12절 / 찬송: 122장

"또 유다 베들레헴아 너는 유대 고을 중에서 가장 작지 아니하도다 네게서 한 다스리는 자가 나와서 내 백성 이스라엘의 목자가 되리라 하였음이니이다"(6절)

우리가 예수 그리스도의 탄생일인 크리스마스를 12월25일로 지키고는 있습니다만, 사실 실제로는 예수님께서 언제 혹은 어느 계절에 태어나셨는지 정확히 알지는 못합니다. 성경도 이에 대하여 말해주고 있지를 않습니다. 성경은 구세주가 구약의 약속대로 이 땅에 왔다는 사실 자체에 중점을 두는 것에 충실했지, 그 태어난 날짜를 명시하지는 않았습니다.

크리스마스를 맞이하며 우리가 중요하게 여겨야 하는 것은 왜 하나님께서 육신의 몸을 입고 이 땅에 오셔야 했는지를 아는 것과 이 땅에 오셔서 어떠한 사랑으로 우리를 사랑하셨는지를 그리고 다시 오시겠다고 말씀하신 약속을 기억하는 것이 중요합니다. 크리스마스는 이천 년 전 이 땅에 오셨던 주님을 기억함과 동시에 다시 오실 주님을 기다리는 절기입니다. 그리고 예수님의 다시 오심을 기다린다고 할 때 어떤 마음으로 기다리고 있는지가 중요합니다.

예수님께서 구약의 예언대로 구세주로 이 땅에 오셨던 첫 크리스마스에는 그 약속을 믿고 신실함으로 기다렸던 사람들, 또는 예수님을 기꺼이 맞이하려 한 사람들은 극히 소수였습니다. 약속을 몰라서였을까요? 아닙니다. 유대인들은 구약에 기록된 약속의 말씀들을 너무나 잘 알고 있었습니다. 그러나 시간이 오래 지나다보니 기다리는 마음도 약속을 믿는 믿음도 옅어진 것입니다. 그렇기에 성경은 예수님께서 탄생하셨을 때 유대인 모두가 아닌 밤에 양을 지키던 목자들 몇 명과 동방으로부터 별을 쫓아 온 박사들만이 예수님 나심을 함께하며 경배했다고 기록하고 있습니다.

또한 예수님께서 이 땅에 오신 목적을 이루어가기 위한 사역을 시작하였을 때도 모든 사람들이 주님을 환영했던 것도 아니었습니다. 예수님께서는 세리, 과부, 어린 아이, 환우와 장애인 등 당시 유대 사회에서 연약하여 천시 받고 소외당했던 사회적 약자들과 함께 하셨습니다. 왜 일까요? 그들은 모두 하나님의 은혜와 사랑이 아니면 이스라엘 사회에서 온전히 살아갈 수 없는 사람들이었기 때문입니다. 하나님은 이 땅에서 고통으로 아파하고 신음하는 자들을 외면치 않으시는 분입니다.

그러나 반대로 이 땅에서 자신의 누릴 것을 다 누리며, 많은 것을 가졌음에도 다른 사람을 돌아보기보다는 자신의 이기심과 탐욕만을 위해 살던 사람들, 즉 헤롯왕이나 정치인들, 그리고 종교 지도자들은 예수님을 환영하지도 않았을 뿐더러 예수님께서 하시는 일들을 탐탁지 않게 여겼습니다(3~4절). 그들에게 있어 첫 번째 크리스마스는 단지 자신이 쥐고 있는 돈, 명예, 권력을 새로운 왕이 되실 예수님께 빼앗길까봐 전전긍긍할 수밖에 없는 불편한 날일 뿐이었습니다.

세상과 짝하며 세상일에 만족하고 있다면 크리스마스의 진정한 의미는 불편한 진실일 뿐입니다. 하늘의 것이 아니라 이 땅의 것을 탐하고 있다면, 나를 구원하시고자 친히 이 땅에 오신 주님의 그 놀라우신 사랑을 감사함으로 받지 못한다면 크리스마스는 단지 1년 중 연말에 하루 쉬어가는 공휴일일 뿐일 것입니다.

이 천년 전 이 땅에 오셨던 주님은 분명 '다시 오겠다'라고 약속하셨습니다. 기다림이 오래다 보니, 어떤 사람들은 신앙이 변질되어 예수님보다 산타를 기다리고, 어떤 사람들은 다른 사람들의 예수님의 오심을 기다리는 그 마음을 이용하여 돈을 벌려고 소비주의와 상업주의를 부추기기도 합니다. 또 어떤 사람은 기다림이 오래다 보니 기다림의 목적과 의미 자체를 잊고 그저 하루하루 스스로의 만족만을 위해 보내기도 합니다.

그러나 누군가는 하나님의 은혜 안에서 깨어 있음으로 삶의 모든 시간을 온전히 하나님께서 기뻐하시는 시간으로 보내며 다시 오실 주님을 소망 가운데 기다려야 하지 않을까요? 사실 날마다 마음 깊은 곳에 주님의 마음을 품고 신실하게 하나님을 사랑하고 연약한 이웃을 섬기며 사는 사람들에게는 하루하루가 성령 충만한 삶이기에 또한 매일이 주님이 우리 마음에 오시는 크리스마스임을 믿습니다.

이천 년 전 오셨던 주님을 기억하고 또다시 오실 주님을 기다리는 성탄절이 기쁜 소식과 평화를 함께 나누는 시간이 되었으면 좋겠습니다. 교회와 이웃을 돌아보며 함께 기뻐하고, 함께 감사할 수 있는 시간이 되었으면 좋겠습니다. 그러한 기쁨을 누리기를 바랍니다.

함께 나누기

1. 성탄절을 어떤 마음으로 기다리고 계셨습니까?
   _____
   _____
   _____
   _____

2. 성탄절(예수님께서 이 땅에 오심)이 성도님에게 소중한 이유는 무엇입니까?
   _____
   _____
   _____
   _____

3. '주 예수와 동행하니 그 어디나 하늘나라(찬 495장)'를 경험하며 사는 자들에게는 매일이 성탄절입니다. 그 은혜를 누리고 계신지요?
   _____
   _____
   _____

한 주간의 기도 제목

나 _____
가정 _____
교회 _____